自分を受け入れるスヌーピー

いろいろある世界を肯定する禅の言葉

チャールズ・M・シュルツ

訳：谷川俊太郎

監修：枡野俊明

光文社

はじめに

今、改めて自分が生かされているこの社会を見回したときに「縁起」
に思いが巡ります。「縁起」は「因縁生起」の略で「世の中のすべて
の物事は、因縁によって生じ、因縁によって滅する」という意味。す
べては、つながっているのです。お釈迦さまは「此れ有るとき、彼れ
有り、此れ生ずるに依りて、彼れ生ず」とおっしゃいました。

「禅は哲学ですか？」と訊かれることがあります。真理を追求する点
では同じですが、「只管打坐（ただひたすらに坐禅せよ）」に代表され
るように、禅は机上の学問ではなく、「実践」を重んじます。

多様な思想を透徹した眼差しでとらえ、人類主権の立場から平和運動
にも積極的に関わった谷川徹三氏は、「実践」する哲学者とも呼ばれ
ていたそうです。その谷川徹三氏を父にもつ谷川俊太郎さんが翻訳し
た『ピーナッツ』は、個性豊かなキャラクターが登場し、多様性が描
かれています。

1990.01.27

さあさあ！　　小さな　　　入れて　　愛を　　　入れて　　少しは同情　　友達って
入れてやってよ！　親切だよ！　やって！　惜しむな！　やれよ！　してやれば！　いいもんだね…

多様性の字義は「互いに異なる多くの人や物の集まり」。性別、人種、国籍、年齢など表層的なもの、価値観、経験など深層的なもの、それらは「異なる」の一つの指標です。つまり、本来の多様性とは、一人ひとりの「異なり」に目を向け、そこにあるものをそのまま認めること。『ピーナッツ』に登場する仲間たちは、みなそれをさらりとやっています。

禅語の「一切衆生悉有仏性（いっさいしゅじょうしつうぶっしょう）」は「生きとし生けるものは、みな仏に成り得る資質を持っている」という意味ですが、もともと持っている仏性、それに気付くことが禅の悟りであり、「禅語」は、修行し続けた禅宗の祖師方が残された言葉です。「多様性」を理解するのに、「禅語」はとても適していると言えるでしょう。

実践する哲学者から教育を授けられたであろう谷川俊太郎さんは、詩作、翻訳という分野で表現をする道を歩まれています。一方、私は禅

寺に生まれ雲水修行をし、「一切衆生悉有仏性」を作庭で表現する道を歩んでおります。奇しくも俊という文字を名に持っています。前作『心をととのえるスヌーピー』の「はじめに」でも触れましたが、ここに、六祖の教えを源として法脈が生まれ、禅心が広がっていったように、大河も一滴の水から始まる「曹源一滴水」を感じます。

多様な思想を濁りのない眼でとらえること、哲学を実践し続けること、禅、多様性、仏性……それらのつながり、重なり、交わり合いに、不思議な因縁を感じます。

すべては円であり、円相です。禅において、円相は、悟りや真理、宇宙全体、そして平等性を象徴的に表現したもの。見る人の心を映し出す円でもあり、解釈は見る人に任せられます。

チャールズ・M・シュルツさんの描いた『ピーナッツ』は、禅における多くの書画が墨一色で描かれているように、モノクロで描かれ、禅

1965.06.11

1. クスン！　2. 悪いけどきみの泣いてるの聞いちゃったんだ…どうしたの？　3. わかんない…ただ心細いだけなんだと思う…　4. 友よ !!

1968.06.18

1. こんにちは、みんな…わたし「ペパーミント」パティよ、あなたたちのテントの風紀係…　2. ほんとはね、「ペパーミント」パティって名前じゃないの…これはパパがつけたあだ名でね…パパはわたしのこと「貴重な宝石」とも呼ぶわ
3. それで、あなたたちの名前は？　4. こんなにいろいろ言われた後に、何が言えて？

文化で尊ぶ余白が多く、登場人物のセリフも少なく（時にセリフがな
く）、解釈が見る人の力量に任せられているのも禅と通じるのは『心
をととのえるスヌーピー』でも触れました。

この本を手にとってくださったあなたも、私たちも、すべての人がこ
の社会を作る大切な構成員で、それぞれに縁起があり、すべてが円相
です。多様性社会を生きていくとき、他者を自分とは違うと切り捨て
るのではなく、遠ざけるのでもなく、違うものとして尊重する。あな
たが相手を尊重し、相手があなたを尊重すれば、多様性社会というの
は、もしかしたらそんなにも難しいことではないのかもしれません。

ページをめくり、色とりどりの声が響き渡る『ピーナッツ』の世界か
ら多様性、禅を見出す旅に一緒に出てみましょう。あなたがあなたと
して存在しながら、楽しくつながることのできるページがきっとあり
ます。

1996.03.02

1. きみの人生はユニークだよね？
2. よく気になるんだ、きみはど
う対処してるのか…つまり、どう
やって生きのびてるのか？
3. 犬の頭脳のおかげさ…

ひとりひとり

ひとりひとり違う目と鼻と口をもち

ひとりひとり同じ青空を見上げる

ひとりひとり違う顔と名前をもち

ひとりひとりよく似たため息をつく

ひとりひとり違う小さな物語を生きて

ひとりひとり大きな物語に呑みこまれる

ひとりひとりひとりぼっちで考えている

ひとりひとりひとりでいたくないと

ひとりひとり簡単にふたりにならない

谷川俊太郎

ひとりひとりだから手がつなげる

ひとりひとりたがいに出会うとき

ひとりひとりそれぞれの自分を見つける

ひとりひとりひとり始まる明日は

ひとりひとり違う昨日から生まれる

ひとりひとり違う夢の話をして

ひとりひとりいっしょに笑う

ひとりひとりどんなに違っていても

ひとりひとりふるさとは同じこの地球

（『谷川俊太郎詩集 すき』より）

もくじ

PEANUTS CHARACTERS

Woodstock
ウッドストック

スヌーピーの大親友の黄色い小鳥。彼の言葉はスヌーピーにしかわからない。ある時はスヌーピーの助手として、またある時はビーグル・スカウトの隊員として活躍。まっすぐに飛ぶことが苦手。

Snoopy
スヌーピー

チャーリー・ブラウンに飼われているビーグル犬。犬小屋の屋根の上が定位置で、いつもそこで寝たり思索にふけったりしている。変装が得意で、小説を書いたりスポーツをしたりと多趣味。

Beagle Scout
ビーグル・スカウト

スヌーピーを隊長として結成された小鳥たちの探検隊。ウッドストックを筆頭に、オリビエ、コンラッド、ビル、ハリエットなどの小鳥たちがメンバーとして野山を冒険し、活躍している。

Linus
ライナス

ルーシーの弟。読書や哲学を愛する博識な男の子。友人であるチャーリー・ブラウンの相談に乗ることも多い。精神安定のための「安心毛布」が手放せない。ハロウィンのカボチャ大王の存在を信じている。

Charlie Brown
チャーリー・ブラウン

スヌーピーの飼い主である男の子。不器用
で野球もフットボールも負けてばかり。そ
れでも決してあきらめない精神の持ち主。
スヌーピーを心から大切にしているのに
「丸顔の男の子」としか認識されていない。

Sally
サリー

チャーリー・ブラウンの妹。わがままでシ
ニカルな視点の持ち主のため兄を困らせる
ことも。勉強が苦手だが、学校の壁と話せ
るという特技を持つ。口癖は「関係ないで
しょ？」。ライナスのことが大好き。

Lucy
ルーシー

いつも大きな声でガミガミ言う、やかまし
屋の女の子。世話焼きな一面もあり、「精
神分析スタンド」を開いてみんなの悩みを
聞くことも。シュローダーに片思いしてい
て、彼のピアノに寄りかかるのが定位置。

Schroeder
シュローダー

おもちゃのピアノでいつも音楽を奏でてい
る、ベートーベンを敬愛する小さな天才音
楽家。チャーリー・ブラウンの野球チーム
ではキャッチャーとして活躍。ルーシーの
熱烈な求愛にうんざりしている。

Peppermint Patty
ペパーミント パティ

勇敢で運動神経抜群、だ
けど学校の勉強は苦手で
Dマイナスばかりな女の
子。自分の野球チームを持
ち、リーダーとして活躍。
チャーリー・ブラウンに片
思い中。スヌーピーのこと
を人間だと思っていた。

Marcie
マーシー

ペパーミント パティの親
友で、彼女のことを「先
輩」と呼んで慕っている
が、チャーリー・ブラウン
を巡っては恋のライバルに
なることも。勉強は大得意
だが運動は苦手。丸いメガ
ネがトレードマーク。

Franklin
フランクリン

チャーリー・ブラウンの友
人にして良き相談相手で、
お互いの家族の話などをし
合う仲。穏やかでまじめな
性格の持ち主。ペパーミン
ト パティやマーシーとは
クラスメイトで、同じ野球
チームの仲間でもある。

Pigpen
ピッグペン

なぜかホコリが集まってき
てしまう体質の男の子。ど
んなにきれいに洗ってもた
ちまちホコリだらけになっ
てしまうが、心はきれいで
おおらか。いつもありのま
まの自分に満足している。

Rerun
リラン

ルーシーとライナスの弟。
活発でスヌーピーのよき遊
び相手。いつもママの自転
車の後ろに乗って、そこで
色々なボヤキをしている。
学校ではみつあみの女の子
の隣に座っている。

Spike
スパイク

砂漠でひとり、サボテンと
ともに暮らすスヌーピーの
お兄さん。孤独を愛し、サ
ボテンや空に話しかけるこ
とも。ヒゲと帽子がトレー
ドマーク。スヌーピーとは
よく手紙を交わしている。

Part

自分の COLOR を見つけて

自分と他人を比べて落ち込んだり、
自分のことが信じられなくなったり。そんなときには
PEANUTS のなかまたちの言葉から、禅語を紐解いてみましょう。
きっと "ありのままでいていいんだ"
と思えるはずです。

1985.05.25

1. ぼくはぼくであることで、ひとに好かれたい… 2. 付き合ってる人たちがいいから、
好かれるんじゃいやなんだ 3. ぼく自身の値打ちで好かれたいんだ! 4. ぼくって誰?

どこまでいけば、
あなたの心は満たされますか

IF YOU WORK REAL HARD, AND YOU GET EVERYTHING YOU'VE ALWAYS WANTED, IS IT WORTH IT?

12-13

もし一生懸命働いて、ほしかったものを
ぜんぶ手に入れたら、満足かな？

　私たちは生活をしていく中で、私たちを取り巻く社会とさまざまな関わりを持ちます。そして、気付かぬうちに周囲から影響を受け、欲望にとらわれ、その欲望に振り回されて、苦しみを抱きます。
　「吾唯足知」は、『遺教経』という、その名の示すとおり、釈尊が生涯を終えられるにあたって、さいごに示された、いわば遺言とも言うべき教典に記されています。「足るを知る者は地べたに寝るような生

飼ってる犬に
好かれなかったら
すべてがむなしい…

禅 語

「吾唯足知」

われただたるをしる

1995.12.13

飼ってる犬に好かれな
かったらむなしいね…

活であっても幸せを実感できるが、足るを知らない者は、天にある宮
殿のようなところに住んでいても満足できない。 足ることを知らな
い者はいくら裕福であっても心は貧しい」という教えです。
大樹に身体をあずけて会話をするライナスとチャーリー・ブラウンと
スヌーピーのこのコミックをきっかけに、「吾唯足知」という禅語の
意味をどうぞご自分に問いかけてみてください。

Part 1 自分の COLOR を見つけて

移り変わる中にある
普遍の真理に目を向ける

禅 語

「松樹千年翠」

しょうじゅ せんねんのみどり

多様という言葉は、「いろいろと種類の違ったものがあること」なので、「分類する」ことが前提です。この分類は、その時々で変わります。歴史を振り返れば、分類が変化していることがわかります。そして、画一的社会だと思われていた時代も、画一性が求められて個性が抑制されていただけで、多様さがなかったわけではありません。しかし、真理は不変です。

「松樹千年翠」は、松の木の緑色が千年の長い歳月を経てもその色を変えないという意味。松は季節の移り変わりの中で翠を保ち、自然の中で黙々と生きています。移ろいやすい世の中に目を奪われそうになる時代だからこそ、私たちに見失ってはいけない大切なことを教えてくれているように感じます。たまにはスヌーピーのように空を見上げ、静かに変わらぬものに真理の普遍性を見出してみてはいかがでしょうか。

星の不変さにはいつも
感心させられるなあ…

見上げるたびに安心感を与えてくれる、
いま見ているこの星がいつも変わらずそこにあり、
これからも…

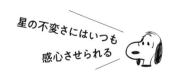

星の不変さにはいつも
感心させられる

Part 1 自分の COLOR を見つけて

有無、善悪、正誤の価値判断から自分を解放する

[禅 語]

「両忘」

りょうぼう

チャーリー・ブラウンは、ベッドの中であれこれ自問します。「なぜ?」は尽きることがありません。夜の闇に、それはどんどんふくれあがっていくようです。禅では、修行中、就寝前に「夜坐」という坐禅をします。そうすることで心も身体も心地よさに包まれ、考える脳が休まります。ベッドの中で考え事をしはじめては、脳も身体も休まりません。「両忘」とは、善悪、美醜、是非などの両者の対立を忘れ去ること。チャーリー・ブラウンが悶々とする問いも、二元的な対立の上にあるために、生まれてしまっています。相対的な対立、両方へのこだわりから抜け出すと、気持ちはラクになります。多様性を認めるために、自分の物差しは、自分にとって都合のいい目盛りでできていることを自覚して、「両忘」を思い出してみてください。夜の闇に飲み込まれることがきっと少なくなるでしょう。

夜中に眠れなくて問いかけることがある、「なぜぼくはここにいるんだ？
いったい何が目的なんだ？　僕の人生には意味があるのか？」

すると声が応える、「やめてくれ！
そういう問いかけは苦手なんだ！」

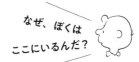

なぜ、ぼくは
ここにいるんだ？

Part 1　自分の COLOR を見つけて

自分で自分を
ごまかしてはいませんか

禅 語

「三級浪高魚化龍」

さんきゅうなみたこうして　うおりゅうとけす

イギリスの長編小説『ダーバヴィル家のテス』の読書レポートを書くことになっているのに、一向に本を読もうとしないサリー。

「三級浪高魚化龍」の「三級」とは、中国の伝説の滝で、水の勢いが激しい難関。鯉が登り、見事に登り切れば龍と化して天に昇ると言われています。ひとつの関門を突破することにより、新たな境地に至ることができる修行の厳しさを説いた禅語です。

情報化社会では、自分とは異なる群、初めて知る群も多々あるでしょう。そのような出会いがあったときに、なんやかんやと言い訳をして、どうせわからないと排除してしまうのではなく、本気になって理解しようと臨んでみましょう。「自分で自分をごまかしてるだけだよ」と言うチャーリー・ブラウンの声が私には、龍になろうとしない鯉に対しての戒めの言葉にも思えます。

HAVE YOU STARTED TO READ "TESS OF THE D'URBERVILLES" YET?

I'M STILL HOPING THEY'LL SHOW IT ON TV..

『ダーバヴィル家のテス』
まだ読み始めないの？

テレビでやるんじゃないかって
希望をまだ捨ててないのよ…

YOU'RE ONLY FOOLING YOURSELF, YOU KNOW

I'M EASILY FOOLED

自分で自分を
ごまかしてるだけだよ

わたしごまかされやすいのよ

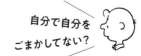

自分で自分を
ごまかしてない？

多様性への理解は、まず「自分」が無事であることから

禅 語

「求心歇処即無事」

ぐしんやむところ すなわちぶじ

ピクニックに誘われた友人たちは口々に持っていく「もの」を言いますが、「何を持ってくるの？」と訊かれたチャーリー・ブラウンは「ぼく！」と答えます。

「求心歇処即無事」の「歇」とは「やめる」や「休む」ということ。求める心をやめ、心が休まるところがイコール無事。無事とは、何もないということではありません。求める心が外に向かっているうちは無事ではなく、「求める」がなくなったところが無事なのです。ピクニックに何を持っていくかではなく、自分がそこにただ居ることをよしとするチャーリー・ブラウンは、心が安らかで無事と言えるでしょう。

多様性とは、自分も他者も、そのまま認めることがはじめの一歩。まずは、「自分」の安らかさを外に求めるのではなく、自分の内にあることをチャーリー・ブラウンから感じられるといいかもしれません。

ピクニックしようよ!!

ケーキ持っていく！　ぼくはアイスクリーム！

あなたは何を持っていく、
チャーリー・ブラウン？

ぼく！

ぼくがいるだけで十分

自分の置かれた場所で
自分を認める

禅 語

「大地黄金」

だいちおうごん

ルーシーは「ピアノを愛するシュローダー」の姿をまるごと認めています。それだけでなく、ルーシーは「シュローダーが振り向かない自分の姿」もありのままに認めています。好意を寄せる相手から自分が何の見返りも受け取れなくとも、その自分を認める。ありようをただ認める「多様性」のひとつのお手本とも言えるでしょう。「大地黄金」は、自分が置かれている場所で、精一杯力を尽くすとその場所が黄金のように輝いてくると説いています。「大地黄金」は、誰かから与えられるものでも、どこか離れたところに隠れているものでもありません。嫌なことがあるたびにその場所、そこにいる自分を否定していては、自分で自分の居場所を手放すことになってしまいます。まずは、ルーシーのように、ありのままを見つめてみましょう。

1983.01.08

ここにいるだけで
わたしはしあわせ

あなたがわたしより
ピアノを愛してるって
わかってるわ

それでもわたし
生きていけるのよ

誰にもわかんないでしょ？
いつかは変わるかもしれない

「ネクスト・バッターズ・サークル」に
いるだけでわたしはしあわせ

それぞれの生命に、それぞれ 多様な働きがある

禅 語

「うを水をゆくに、ゆけども 水のきはなく、鳥そらをとぶに、 とぶといへどもそらのきはなし」

うをみずをゆくに、ゆけどもみずのきはなく、とりそらをとぶに、
とぶといへどもそらのきはなし

小鳥のウッドストックに、鳥と魚の脳を比べた話題を振り、「君は水中で考えるのは得意かい？」と問うスヌーピー。このコミックを見ると、道元禅師の「現成公案」の中の「うを水をゆくに、ゆけども水のきはなく、鳥そらをとぶに、とぶといへどもそらのきはなし」が思い浮かびます。現代語にすれば「魚が水の中を泳ぐ。泳いでも泳いでも、水に終わりはない。鳥が空を飛ぶ。飛んでも飛んでも空に終わりはない」という意味。魚も鳥も命を働かせて生き、生きる場という違いがあるだけです。もし鳥が空から離れれば、鳥は本分を失い、もし魚が水から離れれば、魚としての本分を失う。水とともに魚の本分があり、空とともに鳥の本分がある。道元禅師の「現成公案」に、そしてこのコミックに、私たちが多様性をどうとらえるか、そして自分の本分は？と、問われているような気がします。

鳥の脳は魚より大きいんだって…　　いい気持ちだろ…　　これできみは魚より利口だってわかったわけだ…

きみは水中で考えるのは得意かい？

水中で考えるのは得意かい？

029

水の音に耳を澄ませれば
心の汚れも洗われる

禅 語

「流泉為琴」

りゅうせんを きんとなす

「流泉為琴」は、禅宗の語録である『碧巌録』第三七則の中の一節です。さらさらと流れる水の音は、静かに清涼を深める琴の曲となって、人の心も洗い流してくれるという意味です。心を癒す水の音、爽やかな風、木々の香り、夜を照らす月明かり……耳を澄ませ、心をととのえれば、「自分」という存在が自然の中のほんの一部であり、自分の命は生かされていることに気付くでしょう。それに気付けたとき、自分の存在だけが特別ではないことに思い至るでしょう。自分は自分にとって特別であるように、他者もまた特別である。情報の波にのまれ、人混みに流されて、もしもあなたが多様性社会の中で疲れてしまったら、スヌーピーのように月を見上げ、水の音に耳を澄ませてみるといいかもしれません。世間の塵に汚れてしまった心がきっと洗われるはずです。

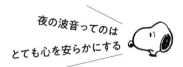

夜の波音ってのは
とても心を安らかにする

I CAN UNDERSTAND WHY SOME PEOPLE LIKE TO LIVE BY THE OCEAN

10-25

どうして海辺で暮らしたがる
人もいるのかわかるよ

THE SOUND OF THE WAVES AT NIGHT CAN BE VERY SOOTHING

夜の波音ってのはとても
心を安らかにする

THE SAME SORT OF THING SOMETIMES HELPS ME...

似たようなことでときには
ぼくも助かるんだ…

I'M LULLED TO SLEEP BY THE SOUND OF THE WAVES LAPPING AGAINST THE SIDE OF MY WATER DISH

SCHULZ

水皿のふちに打ち寄せる波音で
ぼくは眠りに誘われる

世界から静かに笑声を聞き、
みずからも笑声を世界に発する

禅 語

「靜聞春禽聲」

しずかにきく しゅんきんのこえ

このコミックを見ると、春の鳥の声が人を喜ばせるというのは、古今東西、変わらないことのように思います。良 寛さんは「擔薪下翠岑　翠岑路不平　時憩長松下　靜聞春禽聲」という詩を遺しました。「薪を背負い、くだる山は険しく歩きにくい。背の高い松の木陰でひと休みすると、春の鳥が鳴いているのがよくわかった」という意味。慌ただしい時の流れの中でも、静けさに心を澄ませば、春の鳥の声が聞こえてくる。「靜聞春禽聲」というこの一節は、心を澄ませることの大切さを教えてくれます。よきことは、人から人へ、心から心へ伝えていけば、それはきっと、春に歌う鳥の声となってあらわれるのでしょう。そんな鳥の声が聞こえる自分であるか。誰かにとって自分の声は春の鳥のようになれているか。多様性社会の中で、誰もが笑顔の音符を発するウッドストックのようになれたらすてきです。

1979.05.07

幸せな歌を
歌わなくちゃね

もっと幸せな歌を
歌わなくちゃね

なにしろ、
いまは春なんだから！

何か人々を幸せにするような
歌を歌えよ…

仮面をかぶった姿は本当の姿ですか

禅 語

「倶胝竪指」

ぐていじゅし

多様性社会では、他者の個を尊重することが求められますが、尊重することとモノマネをすることは異なります。倶胝和尚は、禅問答を仕掛けられると、決まって指を一本立てて答えとしていました。あるとき、倶胝のところにいた童子は、来客に「和尚は、どのように仏法を説いているのか」と訊かれ、ただちに指を一本立てました。倶胝和尚の真似をしたのでしょう。しかし、このことを聞くと和尚は、刃で童子の指を切断しました。痛みに泣きながら童子が逃げると、和尚は呼び止め、指を一本立てました。これを見た途端、童子は頓悟（ただちに悟ること）したそうです。真似はしょせん真似。多様性社会だからこそ、スヌーピーがスヌーピーとして存在することに気付くことが重要なのです。あなたのそばにも、「あなたはあなたですよ」と教えてくれるチャーリー・ブラウンのような真の友人がいますように。

1987.07.06

水に油さ……

ダメだよ！

やめとけよ…

水に油さ…

7-6

きみがミッキーマウスの靴をはいたって、
バカみたいに見えるだけだよ！

物事は、きつすぎず、ゆるすぎず、ほどよいバランスで

禅語

「且坐喫茶」

しゃざきっさ

『臨済語録』に収められているこの禅語は、「しばらく坐して茶を喫せよ」という意味。「まあ坐ってお茶でも」と語りかけるのは、勇み立つ修行者に心をととのえるよう諭しているのでしょう。いきり立って急ぐのは、心が乱れている証。いったん、坐して気持ちをゆるめることがいかに重要かがこの禅語からわかります。

サリーが目覚まし時計をきつく巻きすぎた結果、目覚ましの機能が働かなかったことに対し、チャーリー・ブラウンは「ぼくらもみんなちょっぴりそんな具合だな！」とつぶやきます。

他者を理解すること、多様性を受け入れること……正しいことを行おうとするとき、正義を振りかざすのは、時として暴力にもなります。相手に対してきつく当たるのは逆効果になることもあります。目的を達したいと願うとき、どうぞ「且坐喫茶」を思い出してみてください。

1972.07.06

目覚まし時計が
鳴らなかったわ

巻きすぎかも
しれない…

ときどき、目覚ましをきつく
巻きすぎると鳴らなくなるものよ

ぼくらもみんな
ちょっぴりそんな具合だな！

きつく巻きすぎると
鳴らなくなるの

一生懸命「一日暮らし」する ことに、年齢や性別は関係ない

禅 語

「一日暮らし」
いちにちぐらし

子どもは学校に通うものだ。大人になったら結婚するものだ。結婚した ら子どもを持つものだ。多様性とは無縁の、ある時代のある限られた 社会にいると、それが「常識」だと感じるかもしれません。しかし、そ れは認知に偏りを生じさせる、認知バイアスがかかっている状態です。 年寄りになったら仕事を引退するものだ。仕事を引退したら……果た して暇でしょうか。フランクリンは、チャーリー・ブラウンからの質 問に「一日中忙しいんだって」「おじいちゃんしてるのさ」と答えます。 道鏡恵端和尚（正受老人）の「一日暮らし」という言葉は、今日一日 が自分の全生涯だという気持ちで過ごせという教えです。人生に暇な 日なんて一日たりとてないのです。「おじいちゃんする毎日」を懸命 に送るフランクリンのおじいちゃんとこの禅語を通して、認知バイア スを確認するきっかけにしていただけたらと思います。

君のおじいちゃん引退したんだろ、　　　一日中忙しいんだって…
どうやって過ごしてるんだい？

何してるの？　　　おじいちゃんしてるのさ…

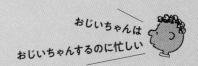

おじいちゃんは
おじいちゃんするのに忙しい

「違い」も「同じ」も 認められれば、喜びが生まれる

禅 語

「閉門造車 出門合轍」

もんをとじてくるまをつくり もんをいでてわだちにがっす

門を閉めて自分の考えだけで大八車をつくり、できあがって門前の道に引っ張り出したら、既にある車の轍にピタリと合っていたという意味です。自分と他者の「違い」を尊重することも多様性には欠かせませんが、「同じ」に目を向けることもまた大切です。

「威風堂々」を聴いて「気にいったわ」とペパーミント パティが言うとマーシーは「わたしも」と答えます。その後、ペパーミント パティは「生きててよかった！」と言います。エルガーの作曲から約100年の時を経て、いつもはチグハグな会話のペパーミント パティとマーシーが意気投合する。「違う」とか「同じ」と偏って決めつけるのではなく、違うものもあれば同じ部分もあるのだ、とまっすぐに自分を見つめる。まずは、自己の追求に専念し、世間、社会、世界と接したとき、他者との共通点を見つけられたら、それは喜びになります。

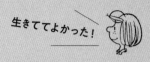
生きててよかった！

この曲なんていうの？　　エルガーの
「威風堂々」です…

気にいったわ…　　　わたしも

あのねえ？　　　なんですか？

わたし、生きててよかった！

ひとつのことに集中して、無心で取り組む

禅 語

「一行三昧」

いちぎょうざんまい

年齢、性別、国籍などの属性の多様性と、価値観やライフスタイルなどの思考の多様性。そのどちらも外見からはわかりにくいものです。横になっている状態を見て、サボっていると見る人もいれば、きちんと休養していると思う人もいるでしょう。しかし、その実、目を閉じて熟考することに努めているのかもしれません。「一行三昧」とは、ただひとつのことに邁進するということ。あれもこれもと手を広げず、ひとつのことに心を集中させていく。そうすればこそ、充実感や満足感が味わえます。

寝転びながら電話に出ることもできるでしょうが、それでは寝ることも中途半端で、電話の相手の声、言葉、話に真摯に向き合うことにはなりません。「寝てるってのは忙しいことなんだ！」と言い切れるスヌーピーは、一行三昧を実践しようとしているのかもしれませんね。

1983.01.06

寝てるってのは忙しい

きみに電話だよ　　　チェッ

ぼくは忙しいって言ってくれよ

寝てるって言っておくよ

寝てるってのは忙しいことなんだ！

はたらきを感じて応じれば
通じ会える道が拓けていく

禅 語

「感応道交」

かんのうどうこう

「まなぶ」は、弟子が師を真似て教養や技術を習得する「まねぶ」から来ていると言われます。大いなる自然の営みで発生し、陽が当たってあたたかくなれば儚く消えていく雪で作った「達磨」を真似るスヌーピー。このコミックを見ると仏教の根本である諸行無常や禅語の「感応道交」が思い浮かびます。「感」は、仏さまの働きかけを人々が感じ取ること。「応」は、仏さまが人々の願いに応じること。「道交」は、人々と仏さまの心が行き交い、共鳴すること。師と弟子が互いを信じ合い、心を通い合わせれば、たとえ師が亡くなっても、弟子は歩むべき道を見失うことはありません。肉体は存在しなくても、そこには心が残っているのです。多様さの中で惑うことがあったら、「伝えたいと知りたいが交われば、心は通じ合えるのだ」ということを思い出し、道を見失うことなく歩んでください。

1983.01.27

"心の中のブレーキ"に気付く

禅 語

「放下著」

ほうげじゃく

あるとき、厳陽という僧が「私は悟りのためにすべてを捨てて、何も持っていません。この先どんな修行をすればよいでしょうか？」と趙州禅師に尋ねました。それに対し、趙州禅師は「放下著」と答えました。「放下著」とは、捨ててしまえという意味です。答えを聞いてなお、厳陽は、「ですから、私は無の境地を悟り、何も持っておりませぬ。一体何を捨てたらよいのでしょう」とたたみかけました。すると趙州禅師は「なら、担いでいけ」と答えます。ここで初めて厳陽は気付きました。「捨てたという意識」を捨てていなかったこと、「無一文になって悟りを開いた」という執着を持っていることを。ライナスが毛布をなかなか手放せないように、人はそれまでに獲得してきたものに固執しがちです。本当の意味での多様性社会を受け入れるには、そのことにまず気付くことが大切なのではないでしょうか。

ぼくはこの毛布をやめようと思えば
いつでもやめられるんだよ？

簡単なことさ…
投げ捨てりゃいいんだよ！

もっとうまくやらなきゃ…
毛布は地面に落ちさえしなかったよ！

投げ捨てりゃ
いいのさ！

孤独は、多様性社会で 自己確立するための大切な時間

人は、帰属する組織があると安心感を得ます。そしてグループに所属すればするほど、それに合わせた顔を持つようになります。しかし、10 のグループに所属して、そのすべてでいい顔をしていたら、本当の自分の顔がわからなくなりませんか。多層的で複雑な時代に生きているからこそ、今、「犀の角のように ただ独り歩め」というお釈迦さまの言葉は、より一層、教えとして重みがあるものになります。

「犀の角のように ただ独り歩め」

さいのつののように　ただひとりあゆめ

1992.04.11

> LY SO I LOOK UP
> E THEY'RE FRIENDS
> E!

夜、ぼくはときどきここに横になって、寂しいから夜空
を見上げ、星のみんながぼくの友だちであるかのように
名前をつけて、話しかけるんだ…や、ミッシェル！

スパイクが孤独であっても、決して寂しさを感じていないのはなぜで
しょう。それは、群れずにいて、つながりに執着していないからです。
インドサイは、群れをなさずに単独で生活すると言われています。人
間は、「孤独（ひとり）＝寂しい」と思いがちですが、私は、孤独で
あることと寂しさとは異なるものだと思います。ひとりで静かに過ご
す孤独な時間には、自分を見つめ直すチャンスがあふれています。

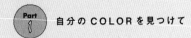
属性を取り去った、
ただの自分に立ち戻る

禅 語

「帰家穏坐」

きけおんざ

女性であるとか、男性であるとか、マジョリティであるとか、マイノ
リティであるとか……。その区分けの、どこに属している人であって
も、同じ群に属する仲間に力づけられることもあるでしょうし、その
組織やカテゴリーに守られることもあるでしょう。一方で、自分の属
性が煩わしく感じることもあるでしょう。そんなときは、ひとり心を
静かにする時空を持ちましょう。「帰家穏坐」とは、旅から帰り、本
来いるべき家に穏やかな心で坐すこと。人が本来持っている仏性とと
もに安らかに暮らすという意味です。ここで言う「家」は、物理的な
場所だけでなく、心の収まりどころもあらわします。どのようなとき
でも、自分の心をととのえて、本来の「家」に収めれば、自分を見失
うことはありません。「自分探しをする」という言い方がありますが、
サリーは自分を発見するのが得意なようです。

1983.08.15

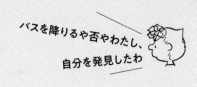

バスを降りるや否やわたし、自分を発見したわ

キャンプに行ったと思ってたけど

行ったわ…キャンプに行くのは
わたしのためになるって言われたの…

自分自身を発見するのに役立つだろうって

バスを降りるや否や、わたし、
自分を発見したわ…だからうちへ帰ってきたの

051

心が自由ならば、
雨の日も気分は晴れ晴れ

禅 語

「昨日雨今日晴」

さくじつあめ　こんにちははれ

字の通り「昨日の雨も今日の晴れも、ありのままの自然」という意味の禅語です。世の中には、頑張れば乗り越えられることもあれば、どんなに努力したところで変えられないこともあります。晴れを願っても雨を祈っても、天気は変えられません。晴れているといいなとか、雨が降ったら困るというのは人が勝手に思っているだけのこと。もちろん、人も自然の一部ですから、高気圧や低気圧に身体は影響を受けるでしょう。しかし、心まで持っていかれてしまってはいけません。ありのままの自然を受け入れて、そのときにできることを楽しめばいい。屋根があることに感謝して雨の中でも乾杯するような自由な心で天気と付き合えたら、文化や習慣が異なる人々とともにある社会で、「自分とは違う考え」とか、「自分ではどうにもならない何か」との付き合い方も少しは気楽になれるのではないでしょうか。

屋根を発明した人に乾杯！

ルートビアをもう一杯どうぞ

ありがとう

じゃ、乾杯…

屋根を発明した人に！

自分が自分であることに一生懸命、生きる

禅 語

「一大事」

いちだいじ

この禅語は、道元禅師の「生を明らめ死を明らむるは仏家一大事の因縁なり」から来ています。「一大事」は、生きているということ、死ぬとはどういうことかをあきらかにすることこそ、もっとも大事なことであるという教えです。私たちは生まれようとして、自分の力だけでこの世に勝手に生まれてきたのではなく、また自分自身で動きを止めようとして心臓を止めて、命を終えるのではなく、奇跡のようなご縁のつながりによって生まれ、死にます。生とは？　死とは？　私たちはなんのために生まれ、どう生きるべきなのか？　それを少しでもあきらかにすることが命あるもののつとめなのでしょう。多様性とは、ある集団の中に異なる特徴・特性を持つ人がともに存在すること。他者を非難するのではなく、スヌーピーが犬であることに一生懸命なように、自分は自分であることに一生懸命になることも大切です。

1991.12.04

犬であることって
一大事

あなたは人生を無駄に
過ごしてると思うわ…

あなたにできることが
千もあるに
違いないというのに…

そのとおり、でも
犬であるってことは、
フルタイムの仕事でね…

自分であることを見失わずに、イキイキと社会を生きる

禅語

「暫時不在 如同死人」

ざんじもあらざれば　しにんににょどうす

多様性とひとことで言っても、人種・言語などから、ジェンダー・信仰・年齢・身体的能力と多岐にわたります。

社会には、ルーシーのようにいつも「私」を主張する人もいれば、意見をはっきり言わず、本意がわかりにくい人もいます。声が大きい人もいれば、小さい人もいる。自分自身の中にあるいろいろな側面、周りの人がいることで生まれるさまざまなこと。それをともに生かして、自分の中の大きな声、他者の大きな声に支配されるのではなく、また、自分の中の小さな声、他者の小さな声を聞き逃すのではなく、私たちは、それぞれがそれぞれにユニークな存在だということを忘れないでいれば、社会をもっと楽しめるのではないでしょうか。この禅語は「一瞬たりとも、わが主人公たる本心が留守になるなら、死人も同じことだ」という意味です。いつもあなたの人生の主人公はあなたです。

わかってるかい、きみは年がら年じゅう
自分のことばかりしゃべってる！

いつもいつも「わたし」がこう、
「わたし」がああばっかりだ！

気がついてないかもしれないけど、
きみの言うことって「わたし」「わたし」
「わたし」「わたし」「わたし」ばかりさ！

わたしが？

わたし？

本当に必要なものはわずかであり、それさえあれば心豊か

禅 語

「山僧活計茶三畝 漁夫生涯竹一竿」

さんそうのかっけい　ちゃさんぽう　りょふのしょうがい　たけいっかん

スヌーピーはウッドストックに、作家の創作の場について、凝った書斎が必要だというのは幻想で、海辺や山中の場所が必要というわけではないと語ります。

「山僧活計茶三畝　漁夫生涯竹一竿」とは、山で生活を営む僧侶にはちいさな畑、魚を獲る漁師には一本の釣り竿さえあれば、生涯暮らしていけるという意味。本当に必要なものはわずかであり、そのわずかなものさえあれば、人は人として心豊かに生きていけるのです。自分とは異なる暮らしを営む人々を知り、ああしたい、こうしたいという気持ちが生まれたり、あれも欲しい、これも欲しいと欲が刺激されたりすることもあるでしょう。そんなとき、この禅語やスヌーピーの言葉、そしてつつましい書斎でタイプを打つウッドストックを思い出してみてください。慎ましさは、決して貧しさではありません。

1979.01.04

作家に
必要なのは……

I THINK IT'S AN ILLUSION
THAT A WRITER NEEDS
A FANCY STUDIO

作家には凝った書斎が必要
だってのは幻想だと思うな

A WRITER DOESN'T NEED
A PLACE BY THE OCEAN
OR IN THE MOUNTAINS

作家には海辺や山中の場所が
必要ってわけじゃない

SOME OF OUR BEST
BOOKS HAVE BEEN WRITTEN
IN VERY HUMBLE PLACES

最良の本の中にはまことに慎ましい
ところで書かれたものも少なくない

TYPE TYPE
TYPE TYPE

タイプ　タイプ
タイプ　タイプ

心を丸裸にして清々しい風を
身体いっぱいに感じる

禅 語

「体露金風」

たいろきんぷう

いつもはガミガミ屋さんのルーシーですが、自然と向き合っていると素直な心の声がこぼれます。チャーリー・ブラウンが「落ち葉を見ると悲しくなる？」と問いかけると「落ち葉はいいしるし」と返します。ある修行僧が雲門禅師に「樹々の葉が枯れて落ち尽くすとき、どのように思いますか」と問うと、禅師は「体露金風」と応じました。僧は、修行を積み、人生の落葉のときを迎えた師がどのように悟られているのか知りたかったのでしょう。「体露」とは、全体が露現して丸裸な状態のこと。「金風」は「秋の風」。落ち葉が悲しいものかどうかではなく、「この清々しさを存分に味わうことが悟りというものだ」という禅師の言葉に、さまざまな人が暮らす社会での出来事を、しなやかな心で受け止め、鮮やかに生きるヒントがあるように思います。

落ち葉を見ると
悲しくなる？

とんでもない！　落ちたいんなら
勝手に落ればいいのよ！

ほんとのところ、落ち葉は
いいしるしなのよ…

葉がもとの木へととび上がって
戻っていくのを見るときこそ問題だわ！

落ち葉はいい
しるしなのよ

曇りのない眼で
大切なものを見落とさない

禅 語

「明歴々露堂々」

めいれきれき　ろどうどう

「明歴々露堂々」とは「一点も覆い隠すことなく、明らかにあらわれている」という意味。真理は何かに隠れているのではなく、ありのままにあらわれていて、それに気付くことこそが大切であるという教えです。空も海も木々も花々も、自然そのまま、ありのままですし、私たちがこうして多様性社会をお互いに生きているということも尊い真実のひとつです。

ライナスは、眼鏡をかけて「目の前で起こってることが見えるのはちょっとすてきだな！」と言います。目の前に真実があっても、見る側の目が曇っていたら、見えるものも見えません。また心の視力が低下していたら、目の前にある大切なものにも気付けません。曇りのない目で見ているか、大切なものに気付けているか。この禅語をきっかけに心の視力を上げてみてください。

 1962.02.05

…それでね、眼鏡をかけなさいって
眼科の先生に言われたんだ…

初めはショックだった…
ほんとに感情的な打撃だった…
いろんな想いがぼくの心を駆けめぐった…

だけど、最後に、ひとつの　　　どんな？
考えが座を占めた…

目の前で起こってることが
見えるのはちょっとすてきだな！

ありのままを
この目で見るんだ

困難は「ハハハハ！」と大きく笑い飛ばして切り抜ける

禅 語

「一笑千山青」

いっしょうすればせんざんあおし

「一笑千山青」とは、「悟りきれば、目の前の世界が開け、すべてが生き生きと 蘇 る」という意味です。目の前のモヤモヤを「あっはっは」と笑い飛ばせば、青々とした山が見えてくる感じがしませんか。

二度と味わいたくないほど辛いことや身にしみて苦しいこと、そんな苦い経験を引きずる道を選ぶのではなく、困難に遭遇してもくよくよ悩まず、スヌーピーのように笑い飛ばせば、道が開けていきます。決して、笑い続けなければならないわけではありません。今、どちらに進むべきか、右か左かまっすぐか迷うとき、全体を俯瞰して、細かいことにとらわれず、一笑する。その「なんとかなるさ」と笑う余裕が現状を打開します。さまざまな人がいる多様性社会。辛いこと、苦しいことに遭遇することもあるでしょう。そんなときは、スヌーピーの「ハハハハ！」です。

1983.02.21

THIS IS THE MEDICINE
THAT THE VET SAID
WOULD BE GOOD FOR YOU

獣医がきみにいいって
言ってた薬だよ

I HAVE ALSO HEARD,
HOWEVER, THAT LAUGHTER
IS THE BEST MEDICINE...

でも笑いは百薬の長
ともいうけどね…

WHICH WOULD YOU PREFER?

HA HA HA HA!

きみどっちがいい？　　ハハハハ！

THAT WAS EASY

2-21

簡単なもんだね

善悪など分別するのではなく、
分けない心で生きる

禅 語

「不思善不思悪」

ふしぜんふしあく

善にも悪にも、とらわれないという意味の禅語です。私たちはふだん、正誤、利害、優劣など、物事を二つに分けて考えがちです。では物事を分けるとき、その基準はいったい何ですか。世間の常識や自分のこれまでの経験、価値観など、さまざまな基準があるでしょう。それらすべてが不要なわけではありません。強い意志は、人生を歩む推進力になります。しかし、そういったものだけに執着すると、そこから迷いや悩み、苦しみが生じて、心に雲がかかってしまいます。多様性社会を生きていくとき、そのような雲は、あなたのこれからを邪魔するもの。善悪に分けて考える癖から卒業するだけでも、心はきっと晴れやかにやわらかくなるはずです。自分の考えはきちんと持ちつつも、このコミックと禅語を思い出して、物事を二元論でジャッジしない練習をしてみましょう。

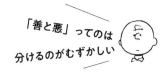

「善と悪」ってのは

分けるのがむずかしい

「善と悪」ってのは分けるのが
むずかしいと思うな…

もちろんぼくにはぼくの
意見があるよ、たとえば…

道を歩いてるときはいつも
虫を踏んづけないように
注意してる…

万歳！　万歳！
パチパチパチパチパチ！

心の視力、
低下していませんか

禅 語

「一翳在眼空華乱墜」

いちえいまなこにあればくうげらんついす

勉強嫌いのペパーミント パティは成績の悪さから目を背けて「目が
ちくちくする」と先生に訴えます。「一翳在眼空華乱墜」は、目に埃（ほこり）
が入り、実体のない花のようなものがチカチカ見えることから、心に
汚れがあると正しく物事をとらえられないことを指しています。その
ような状態では、本来の自己の姿も、周囲の人々の姿も見誤ってしま
うでしょう。多様性社会を生きるには、他者を理解するのと同様に、
自分をきちんと理解することも必要です。同調圧力や所与性（疑いよ
うなく続いていくこと）による意見は、本当にあなたの意見でしょう
か。協調は、意見を均質化することではなく、不均質な個を組み合わ
せて共鳴していくこと。自分をきちんと理解して発せられた意見は多
様性社会の中で、他者と協調できます。心の視力を改善する必要はな
いか。このコミックは問いかけてくれているように思います。

1988.06.02

Ｄマイナスで
心の目を曇らせない

YES, MA'AM..MY EYES ARE BURNING..

はい、先生…
目がちくちくするんです…

I HAVE A THEORY..

わたしの説では…

I THINK ALL THESE D-MINUSES ARE POLLUTING THE ATMOSPHERE..

6-2

このＤマイナスの大群が
大気を汚染してるんです…

Part 1 自分の COLOR を見つけて

あなたも目の前の人も
ただ唯一の尊い存在

禅 語

「宇宙無双日 乾坤只一人」

うちゅうにそうじつなく　　けんこんただいちにん

スヌーピーがただの犬ではないように、誰もがただの人間ではありません。この世に存在する誰もが誰かの子どもです。誰かのきょうだいであったり、誰かのパートナーであったり、誰かの友人であったりします。そして、自分にとって自分はもちろん、かけがえのない、ただ唯一の存在です。そしてまた、あなたの目の前にいる人も、あなたに理不尽な思いをさせたことがあるあの方も、あなたを喜ばせる彼も、あなたを悲しませた彼女も、実は、誰もがただ唯一の存在です。
「宇宙無双日 乾坤只一人」とは、宇宙にお日さまは、二つとしてなく、乾坤、つまり天と地の間にいるあなたという人は、ひとりしかいないという意味です。かけがえのない自分を大切にすると同時に、周りにあるすべても尊い存在だと知り、互いが互いを認め尊重し合える生き方がしたいものです。

1991.06.19

中に入りたがってる
犬がいるわよ…

ぼくはこの家の
唯一無二の犬じゃないか

唯一無二の
"ザ"犬さ

071

手に入れることだけを
目指すのではなく、時に放つ

禅 語

「清風拂無塵」

せいふうはらいてちりなし

さまざまな人々が生きる多様性社会では、日々、いろいろな思いが行き交います。同じ属性の人と出会って安心感を得ることもあれば、違和感を持ったり、異なる属性の人と出会って発見に感動することもあれば、虚無感を得てしまったり。楽しいこともあれば、悲しいこともあるでしょう。人間であり、また人間が作り出す社会ですから、それらすべてを排除することなどできません。ただ、そのような感情を心に留めておかないことはできます。

「清風拂無塵」の塵とは、煩悩や妄想、雑念のこと。ライナスが言うところの「恐れや欲求不満」も塵です。清らかな風に、これらをすっ飛ばしてしまえば、心を縛る塵がなくなり、清々しくなれるでしょう。ライナスが「明日になればきれいな毛布でスタートする」と言う通り、清々しい心になれば、また出会うことが楽しめるはずです。

この毛布がぼくの恐れや
欲求不満をみんな
吸収してくれるんだ

一日の終わりにぼくは毛布を
戸口ではたく、そして恐れや
欲求不満を風に散らしてしまう！

明日はどうなるの？　明日になれば
きれいな毛布で
スタートする

俗にいう過去の
清算に近いかな！

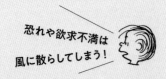

恐れや欲求不満は
風に散らしてしまう！

この世に存在するものは
すべて何らかの役割がある

禅 語

「枯木裏龍吟」

こぼくりのりゅうぎん

ある雲水（修行僧）が「仏道とは何ですか？」と訊いたとき、香 厳
禅師は「枯木裏龍吟」と答えました。たとえ枯れきった木でも、強風
にあおられれば、ビュービューとあたかも龍が鳴いているかのような
音を立てます。一見何の役にも立たず、邪魔にさえ思える枯れ木でも
風の中では強烈な存在感をあらわします。今たまたま目にしている姿
がすべてではなく、状況が変われば、また見方を変えれば、まざまざ
と異なる姿があらわれる。この世に存在するものはすべて、そしてこ
の世に命を与えられたすべての人々は、それぞれにそれぞれの価値が
あり、役割があるもの。ライナスは「試合はいま何回かな？」と問い
ますが、「枯木裏龍吟」を、衰えたものが勢いを取り戻すこと、また
苦境を脱して再び脚光を浴びることのたとえととらえれば、「人生は
命尽きるときまで試合が続く」と言えるでしょう。

人生っていろんな点で
野球に似てる

人生っていろんな点で
野球に似てるね

誰もがみんなプレイすべき
ポジションを持ってる

みんなときにはヒットを打ち
ときにはエラーをする

試合はいま何回かな？

なにごともないことに感謝の気持ちを持ち、分かち合う

禅 語

「安閑無事」

あんかんぶじ

朝起きてから寝るまで、代わり映えのしない日々。毎日学校に通い、勉強をする。毎日会社に行って、仕事をする。そんな生活に慣れると、人はもっと別のところに幸せがあるのでは？と思いがちです。自分とは違う人々の生活を見聞きして他人と比較しては、自分の生活に不満を感じたり……。しかし本当の幸せとはなんでしょう。「安閑」とは、心身が安らかで静かなこと。「無事」とは、外に求める事が無いということ。安らかで穏やかに暮らすことができる日々。なにものにもとらわれることなく、自由な心で過ごす日々。このような状態が幸せそのものです。チャーリー・ブラウンがスヌーピーとサンドイッチをシェアするこのコミックは、見ているだけで心が丸くなります。理解者がいて、その理解者と同じひとときを持つことができる。多様さの中で大切にしたい在り方です。

1989.04.15

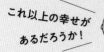
これ以上の幸せが
あるだろうか！

HERE WE ARE.. TWO OLD FRIENDS SITTING TOGETHER SHARING A SANDWICH...

ふたりでここに座って…
親友同士で
サンドイッチを分け合う…

I CAN TELL YOU IT JUST DOESN'T GET ANY BETTER THAN THIS!

これ以上の幸せが
あるだろうか！

4-15

IT DOESN'T?

SCHULZ

ほんとに？

性別や年齢ではなく、ひとりの人として

禅語

「男女を論ずること勿れ」

なんにょをろんずることなかれ

誰もが心地よく暮らしていくことを考えたときに、禅には多くの手がかりがあるように思います。道元禅師は「男女を論ずること勿れ、此れ佛道極妙（ぶつどうごくみょう）の法則なり」という言葉を遺しています。正しい師のもとで学ぶことこそが大事で、そこに男女の性別は関係ないと。また、「設（たと）い七歳の女流なりともすなわち四衆（ししゅ）の導師なり、衆生の慈父なり、男女を論ずること勿れ。これ佛道極妙の法則なり」と垂示（すいし）（教えを示すこと）されています。仏の教えを実践し、人々を救おうとする心を起こせば、たとえ七歳の女の子でもすべての人の導き手となるという意味です。P94で紹介する「至道無難 唯嫌揀択（しどうぶなん ただけんじゅくをきらう）」に通じますが、老若男女の区別の前に、私たちはまず、一人ひとりが、自分が生かされていることに気付くことが大切です。それが誰ひとり取り残さない社会を築く一歩になるのではないでしょうか。

1981.09.18

ALL RIGHT, YOU TWO, THIS IS RIDICULOUS! I'M NOT PERFORMING OPEN-HEART SURGERY! I'M JUST TAKING OUT TWO TINY SLIVERS!

さあふたりともいいかげんにして！
心臓手術じゃないのよ！
ほんの小さなトゲを抜くだけよ！

ぼくは男じゃないよ
ただの犬さ！

I WANT YOU BOTH TO STAND PERFECTLY STILL, AND ACT LIKE MEN!

9-18

ふたりともじっと
男らしくしてほしいわ！

I'M NOT A MAN, I'M A DOG!

ぼくは男じゃないよ、
ただの犬さ！

I'M JUST A LITTLE KID!

ぼくはただの
小さな子どもだよ！

自分の意思は、
自分の声で発する

禅　語

「俊鳥不栖林 活龍不滞水」

しゅんちょうはやしにすまず　かつりゅうみずにとどまらず

優れた鳥は、林の中にのんびりと暮らしてはいないし、本物の龍ならば、水の中で一生を終えないという意味です。力を持つものは、その力をきちんと発揮するために世界に飛び出しましょうと諭す禅語です。とはいえ、同調圧力の強い集団の中にいると、配慮ではなく、忖度^{たく}で自分の意見を飲み込んでしまうこともあるでしょう。また、プレッシャーを感じて、自分の意見を変えてしまうこともあるでしょう。逆に、誰かがその場での少数意見を発しようとしているときに、多数意見に合わせるよう暗黙のうちに強制してしまうことがあるかもしれません。しかし、それはハラスメントの原因になります。さまざまな人がいる多様性社会で、自分の意思は、自分の声で発すること。そして、誰かが勇気を持って発言しようとしたら、ウッドストックを支えるスヌーピーのように理解者でありたいものです。

1989.01.07

他の鳥は気にせず
発言するんだ！

WHEN YOU GET TO THE MEETING, SPEAK UP! DON'T BE AFRAID TO RUFFLE A FEW FEATHERS...

集まりに出るなら、発言するんだ！
他の鳥が怒って毛を逆立てたって
気にするなよ…

SOMEBODY BEAT YOU TO IT, HUH?

1-7-89

言い負かされたって
わけかい？

081

自分に与えられた場所で、真剣に取り組む

禅 語

「別無工夫」

べつにくふうなし

「修行には、何の工夫もいらない」という夢窓国師(むそうこくし)の教えです。自分に与えられた場所で、真剣に取り組むことがそのまま修行という意味です。私は、ここに「信じて歩すれば安禅静かなり」というわが師である大観信歩和尚(だいかんしんぽ)の言葉が重なります。定命を迎えるまで、日々、境(けい)内の草を取り、清境(せいきょう)(清らかな境内)をととのえ、寺のために尽くし、信じて歩んだその心は、安禅で静かだったろうと思うのです。

谷川俊太郎さんの「信じる」という詩には、「自分にうそがつけない私　そんな私を私は信じる」という一節があります。

ライナスは、自分にうそをついていないからこそ、「誠実であれ！」と、強く宣言できたのでしょう。さまざまな価値観が交錯する多様さの中で、道にさまよいそうになったら、誠実に信じ、誠実に取り組むことを是非、思い出してみてください。きっと道は、開けていきます。

…そしてハロウィーンの夜、「カボチャ大王」は
カボチャ畑から立ち現われ…

…世界中のよい子たちに　　　気は確かかい！
おもちゃを持ってきてくれる！

いいさ、きみはサンタクロースを
信じてるんだろ、ぼくは
「カボチャ大王」を信じるんだ…

ぼくが思うに、
何を信じるかは問題じゃない、
問題は誠実さなんだ！

問題は誠実さなんだ！　

厳しい社会にも吹く、希望という春風を感じる

禅 語

「春来草自生」

はるきたらばくさおのずからしょうず

「春来草自生」とは、春になればおのずと草木が芽吹くという意味。人生に訪れた冬が厳しく、世間の風当たりが強いことがあっても、苦しみや哀しみが永遠に続くことはないと教えてくれます。希望を必要としたスヌーピーは、友だちのほほえみや歌、小鳥の姿から希望を見出しています。P 142 の「諸悪莫作　衆善奉行」で紹介する白居易は「春風は御苑の梅を咲かせ、桜、杏、桃、梨と次々と開かせていく。山深い里では、ナズナの花を咲かせ、楡のさやにも吹きわたる。里の人々は、自分たちのために春風が吹いたと喜び合う」と春を詠んでいます。異なる美しさを持つ多様な花々は、どれも寒い冬を耐えて春を迎え、咲きほころびます。もしも今、あなたが厳しい冬の中にいるのなら、どうかこの禅語を思い出してみてください。そして、スヌーピーのように、ささやかなものに目を向けてみてください。

1971.05.17

誰にだって希望は
必要だ…

ときにはささやかなことで希望が
わくものさ…友だちのほほえみ、歌、
それとも木々の上高く飛ぶ鳥の姿…

希望はないね

ささやかなことで
希望がわくものさ…

スヌーピーときょうだいたち

見た目も性格もバラバラなスヌーピーのきょうだい。
その個性はまさにカラフル!
でも、互いのピンチには集まって支え合う姿も……。
今回はそんなきょうだいの中から二人を紹介します。

1. ママ? パパ? なんだと思う!スヌーピーが目を覚まして、食べてるよ!
2. そうなんだ! お昼をおいしそうに食べてる…実は彼だけじゃないんだ!

1994.02.22

風邪をひいたスヌーピーのために駆け付けたアンディ、オラフ、それにスパイク。みんながそばにきたとたん、食欲のなかったスヌーピーもランチに手を伸ばし始めます。普段はそれぞれ自由気ままに暮らしているきょうだいたちですが、何かあったときにはさりげなく手を差し伸べるのです。

Andy
アンディ

ふわふわな毛並みが特徴。気持ちの優しい性格で、仲良しのオラフとスパイクを探す旅に出るなど、冒険に出ることもあるが、方向音痴のためよく道に迷っている。

Olaf
オラフ

ぽっちゃり体形で「みにくい犬コンテスト」優勝というあまり名誉とは言えない過去を持つが、自分では自分のことを太っているとは思っていない。クッキーが大好きで、ココナッツは大嫌い。

Part 2

それぞれの COLOR をみとめる

個性豊かな PEANUTS のなかまたち。
時にはぶつかり、時には支え合って生きている彼らの言葉には、
誰かと共に生きるためのヒントがいっぱい。
禅語を一緒に読むことで、自分以外の誰かの"ありのまま"を
肯定する考え方が見えてきます。

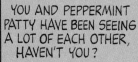

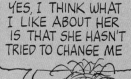

1980.03.03

1. きみとペパーミント パティは近ごろよく会ってるらしいね？ 2. うん、この人のいいとこ
ろは、ぼくを変えようとしないところさ 3. どうせ変えられっこないんじゃないかなあ…

人それぞれに違いはあっても優劣はない

変だよな？ 　　　　　　　　変よ　　　　　　　　　すごく変だね

成長した竹にはいくつも節があり、上下の区別はありますが、優劣は
ありません。人もまた同じ。社会にはさまざまな人がいます。肌の色、
職業、収入……異なることを挙げていけばキリがありません。多いほ
うがマジョリティ、少ないほうがマイノリティという分け方はありま
すが、マジョリティが正しくて、マイノリティが間違っているわけで
もありません。大切なのは、一人ひとりが多様性を尊重すること。自

筆箱にフライドポテト
入れる人だって
いるでしょ

「竹有上下節」

たけにじょうげのふしあり

1988.09.06

あの子たち、わたしのこと
言ってるの、マーシー？

筆箱にフライドポテト入れてる人を
見たことがないんですよ、先輩

分と異なるものは、異なるものとして認める。ただそれだけです。ペ
パーミント パティは、細長い形状のフライドポテトを収めるのに筆
箱がピッタリだと思ったのでしょう。食品を入れるように施されてい
れば、容器という点では、お弁当箱と変わりません。ペパーミント
パティを「異様だ」と排除するのではなく、マーシーのように、淡々
と事実を見ることができるようになりたいものです。

相手の状態をよく見て、自らの言動を決める

禅 語

「啐啄同時」

そったくどうじ

笑顔のウッドストックを描きたいスヌーピーは、笑うことを強要するのではなく、相手を尊重して静かに待ちます。その後、ウッドストックの自然な笑顔を手に入れたスヌーピーは感謝します。「啐」は、ひなが卵から孵る準備がととのい、内側から殻をつつく音。そのかすかな音をとらえて親鳥が外側から殻をつつき割る音が「啄」。どちらかが早すぎたり強すぎたりすると、互いを傷つけてしまいますが、タイミングが合えば物事はスムーズに進みます。さまざまな人が暮らす社会では、時に相手に行動変容を求めたくなることもあるでしょう。しかし、変えたいとばかりに急いて力に任せては個を尊重する多様性社会は築けません。無理に笑わせた笑顔は作り笑顔。相手の自然な笑顔を得たいと思ったら、スヌーピーのように、こちらもそれにふさわしい在り方というものがあるはずです。

タイミングって
大事なのさ

6-12

いまだ!

ありがとう

あなたとは違う正しさを持つ人がいる

禅 語

「一人行棒 一人行喝 総不親」

ひとりはぼうをおこない ひとりはかつをおこなう　すべてしたしからず

坐禅のとき、姿勢が崩れたり、妄想にとりつかれたりすると、警策という棒で肩や背中を打ち、修行者に教えを与えます。また叱咤するために「喝」と大きな声をかけます。その棒と喝。どちらがよりよい教えなのかなど、決めつけることはできません。この世のすべては、どちらかが正しくて、どちらかが間違っていると断定するのは難しいもの。「そんなこと本当のはずないわ！」と言うルーシーに、「ぼくには間違いとは思えなかったね…」と反論するライナス。言い争いは続きますが、チャーリー・ブラウンは両者の意見に安易に流されることなく、「ぼくにも意見があったらなあ…」と静かにつぶやきます。人は見識の幅が狭くなればなるほど、自分の答えを絶対視しがちですが、あなたとは違う正しさを持つ人がいるということを忘れてはいけません。多様性を尊ぶとは、互いを認め合うことなくして成り立ちません。

ぼくにも意見が
あったらなあ…

THAT COULDN'T POSSIBLY BE TRUE! ANYWAY, I SURE DON'T BELIEVE IT!

そんなこと本当のはずないわ！
とにかく、わたしはぜったい信じないわよ！

WELL, THAT'S WHAT I READ, AND IT SOUNDED RIGHT TO ME...

7-7

いいけどね、そう書いてあったのさ、
ぼくには間違いとは思えなかったね…

THE FIGURES ARE WAY TOO HIGH

I DON'T THINK SO AT ALL

その数字は　　　　ぼくはぜんぜん
高すぎるわよ　　　そうは思わないね

I WISH I HAD AN OPINION..

ぼくにも意見があったらなあ…

選り分けや決め付けを手放してみる

禅 語

「至道無難 唯嫌揀択」

しどうぶなん ただけんじゃくをきらう

この禅語は、達磨大師から三代目の祖師である僧璨禅師の言葉です。「至道無難」は、真実の道に至るのは簡単という意味。「唯嫌揀択」は、善悪、美醜、好き嫌いなど、選り分けることを嫌うという意味です。ルーシーは、チャーリー・ブラウンに「泣くのは女だけってのはよくないわ」「男だって泣いていいんだってことを認識すべきよ」と語りかけます。私たちは日々、これはよくてあれはダメ、あれが好きでこれが嫌いなどと、大小さまざまな判断をし、また他者からも、女らしくとか男らしくなど、選り分けた言動を求められることがあります。しかし、そのような選り分けや決め付けをしなければ、道に至るのは簡単。難しくしてしまっているのは、ほかでもない私たち自身なのです。ルーシーのセリフは、「至道無難 唯嫌揀択」という禅語を思い起こさせてくれるものです。

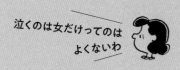

泣くのは女だけってのは よくないわ

WOMEN SHOULDN'T BE THE ONLY ONES TO CRY

泣くのは女だけってのはよくないわ

MEN SHOULD REALIZE THAT IT'S ALL RIGHT FOR THEM TO CRY, TOO...

男だって泣いていいんだって
ことを認識すべきよ…

10-24

FIRST YOU HAVE TO HAVE SOMETHING HAPPEN!

まず何か泣く理由があってからでなきゃ！

偏った思い込みを捨て、
ありのままの姿を認める

禅 語

「眼横鼻直」

がんのうびちょく

ルーシーは、クスッと笑える皮肉なフレーズで結婚後の家事について
シュローダーに語りかけます。このコミックが成立するのは、「料理は
女性が作るもの」という偏見や思い込みがあって、それが社会通念の
ようになっていたり、その風習が残っている時代だからなのでしょう。
多様性社会を生きるには、アンコンシャスバイアスという「無意識の
偏ったものの見方」への気付きも欠かせません。アンコンシャスバイア
スは、それぞれが、その人の持っている情報や過去の経験などから
無意識に判断を行うので何気ない発言や行動としてあらわれます。「眼
横鼻直」とは、目は横に、鼻は縦についているという意味。とてもシ
ンプルな表現ですが、現実をただありのままに見ることが大切だとい
う教えです。料理スキルが高いか低いか、料理を作るのが好きか嫌い
かは、当然、性別とは関係ありません。

料理好きの
夫もいるわ…

料理好きの夫もいるわ…

もしわたしたち結婚したらあなたが
お料理ぜんぶしてくれてもいいのよ…

きみは何するの？

ナプキンたたむわ

はからいのない素直な心で 相手と向き合う

禅 語

「一期一会」

いちごいちえ

浜辺にいるチャーリー・ブラウンにビーチボールを拾ってきてくれたのはフランクリン。フランクリンは、『ピーナッツ』に登場する、初のアフリカ系アメリカ人のキャラクターです。ビーチボールを受け取ったチャーリー・ブラウンは「ありがとう！」と感謝を口にします。「一期一会」は、茶の湯に由来する言葉です。同じ亭主が同じ客と同じ席で同じ道具で茶事をしても、今日のこの茶事は二度とありません。たとえ場所や道具が同じでも、春と秋とでは風の匂いも日差しも異なります。「一期一会」は、一生にたった一度しかない大切な機会だからこそ、心してお互いに時を過ごそうという精神を象徴しています。フランクリンの優しさに出合い、感謝したチャーリー・ブラウン。多様な人々が暮らす社会での、人との出会い方のヒントがここにはあるように感じます。

これ、きみのビーチボール？

わあ！ そうだよ！
ありがとう！

あっちで泳いでたら、
ぷかぷか流れて来たんだ…

ぼくのバカ妹が
海に投げちゃったんだよ

砂のお城
作ってたんだね…

なんだか
ゆがんでるみたい

そうかもしれないね…
うちの近所でもぼく、
有能で通っている
わけじゃないんだ…

そうだよ！
ありがとう！

どんな言葉を用いるか、
どんな声を発するか

禅 語

「不戯論」

ふけろん

道元禅師が遺した『正法眼蔵』の中に、最も円満な人格者になるための重要な修行項目「八大人覚」があります。その八つの事柄のうちのひとつが「不戯論」です。戯論とは、無意味な言葉や議論のこと。ですから「不戯論」とは、無駄な言葉を慎み、沈黙を守る教えです。「よくそんなもの食べられるわね？」とお弁当にケチをつけてくるペパーミント パティに対し「もしいいことが言えないなら、むしろ黙ってるほうがいいんです」と返すマーシーは、まるで不戯論に努めているよう。

多くの出会いがある私たちの社会でみなが心地よく暮らすには、どんな言葉を用いるといいのか。相手に思いを馳せることなく汚い言葉を発してしまったり、必要以上に相手を言葉で責めてしまったりしていないだろうか。マーシーのように、言葉や会話に留意したいものです。

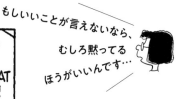

もしいいことが言えないなら、
むしろ黙ってる
ほうがいいんです…

UGH, MARCIE! HOW CAN YOU EAT THAT?

IT'S NOT NICE, SIR, TO MAKE DISPARAGING REMARKS ABOUT WHAT SOMEONE IS EATING!

オエー、マーシー！
よくそんなもの
食べられるわね？

誰かが食べてるものに
ケチをつけるのは
よくありませんよ、先輩！

ACTUALLY, IF YOU CAN'T SAY SOMETHING NICE, YOU SHOULDN'T SAY ANYTHING AT ALL…

11-17

もしいいことが
言えないなら、
むしろ黙ってるほうが
いいんです…

YOU HAVE A CUTE LUNCH, MARCIE..

かわいいお弁当ね、
マーシー…

なにものにもとらわれない
素直な心

禅 語

「白雲自在」

はくうんじざい

スヌーピーの頭上には、白い雲がぷかぷかと浮いています。白雲はなんのこだわりもなく、自由自在に風とともに流れていきます。その情景を見たウッドストックは、飾らずにスヌーピーに伝えます。「白雲自在」は、流れに逆らうことなく、自在に生きなさいということを説いています。「ねばならない」と自分だけの正義に頑（かたく）なにこだわっていると、さまざまな人と出会う社会で、大切なものを見落としてしまうかもしれません。自分とは異なるカルチャー、自分とは違う感性、自分とは別の思考と出合ったときに、反発したり、否定したり、非難するのではなく、「なるほど、あなたはそのように感じるのですね」とやわらかく受け取る。風が吹くまま形を変える雲のように。そして、ウッドストックの言葉を素直に受け取るスヌーピーのように。私たちの心も、自在無礙（むげ）（とらわれず自由であること）にしておきたいものです。

1979.05.14

自由な空を
ながめるのはいいね

ほんとかい？　そりゃ、ありがとう…
ほんとにきれいだね？

ぼくはすてきな空を
持ってるだって

個性は異なっていても、
同じ目的に向かって取り組む

禅語

「一華開五葉」

いっけごようをひらく

野球好きのチャーリー・ブラウンは、試合に負け続けようが野球をやめません。このコミックもメンバーを見ると試合に勝てるようには思えません。しかし彼は野球をあきらめません。多様性社会を築くには、人それぞれの多様な凸凹をそのまま認めるのが第一歩。個性的なチームメイトで野球に取り組む姿に、多様性社会が花開くためのヒントがあるように思います。「一華開五葉」は、禅宗の初祖である達磨大師が二祖の慧可に授けたもの。心の中に悟りという花が咲けば、尊い五つの心智に分かれて花開く。「一華開五葉」の後には「結果自然成」という禅語（『心をととのえるスヌーピー』P5 に掲載）が続きます。チャーリー・ブラウンのように野球に向き合い、花開くことだけを一生懸命にやって、あとはお任せしていたら、自然に実がつくということです。

1973.03.30

今年のわがチームは
ちょっとしたもんだよ…

ビーグル犬のショートに…

毛布を手にしたセカンド…

まだ哺乳瓶をかかえたレフトか！

いつか勝つ日が
来るはずだ

相手の立場になりきり、分け隔てのない関係を築いていく

禅 語

「主客一如」

しゅきゃくいちにょ

犬を飼っているのがチャーリー・ブラウンで、飼われている犬の名はスヌーピーですが、『ピーナッツ』の世界では、どちらが上でどちらが下ということはありません。コミックによって、どちらかが主になったり、どちらかが脇役になったりしても、スヌーピーもチャーリー・ブラウンも『ピーナッツ』の主要キャラクターです。「主客一如」の「主客」とは、主人とその大事な客のこと。「一如」とは、読んで字のごとく、「ひとつのごとし」という意味。人は自分を主体にして、相手を客体として物事を判断しがちです。しかし禅では、自分を主体化し、相手を客体化して、物事を判断しません。主体と客体を分け隔てることなく、お互いの気持ちを思いやって心がひとつになる「主客一如」の関係が広がっていけば、どなたにも生きやすい真の多様性社会になることでしょう。

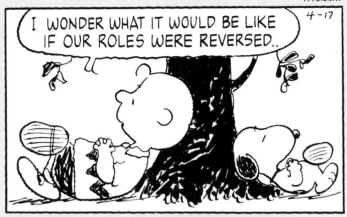

もしぼくらの役割が入れ替わったらどうかな…

もしきみが主人でぼくが犬だったら？　　　ぼくが主人だとばかり思ってたけど…

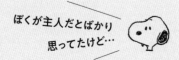

ぼくが主人だとばかり
思ってたけど…

勝ちに心が奪われたり、
負けに心が曇っていませんか

【 禅 語 】

「心随万境転」

こころはばんきょうにしたがっててんず

興奮冷めやらぬ様子で逆転劇を話すライナスに、チャーリー・ブラウンは「相手チームはどんな気持ちだったかな」と、ポツリと言います。うれしいときは、とことん喜ぶといいでしょう。悲しいときは、泣いてもいい。ただ、それにしがみついてはいけません。チャーリー・ブラウンのように、スッと心を転じて、他者の立場に立てたらすてきです。いくら「ありのままに、ありのままを認めましょう」と言われても、大切な人を亡くしたばかりの人と成功を手に入れたばかりの人とでは、同じ事象を前にしても、受け取り方が異なるもの。自分の中に生まれた感情を殺すことはありません。多様性社会とは、誰かを満足させるために誰かを我慢させることではありません。大切なのは、心をすぐにやわらかく戻すこと。その上手なやり方をこの禅語とコミックを思い出すことで手に入れていただけたらと思います。

行け！ 行け！ 行くんだ！

すごい！

チャーリー・ブラウン、
たったいま信じられない
ようなフットボールの
名試合を見たよ…

見事な逆転劇さ！

ホームチームは6対0で負けていて、
残り時間は3秒…ボールは自陣1
ヤードライン上…

クォーターバックがボールをとって、
自陣ゴールポストの後ろまで下がり、
完璧なパスをレフトエンドに送ると、
彼は4人をかわして駆け抜けてタッ
チダウン！ ファンは狂喜乱舞さ！
きみにも見せたかったよ！

みんな飛んだり跳ねたりで、エキ
ストラポイントを蹴ったら、何千
人もの観客が笑ったり叫んだりし
ながらフィールドになだれこん
だ！ ファンも選手たちもうれし
さのあまり地面を転がりまわるわ、
抱き合うわ、踊るわの大騒ぎさ！

ほんとすごかっ
た！

相手チームは
どんな気持ち
だったかな？

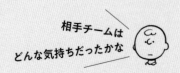

相手チームは
どんな気持ちだったかな

自己を信じないのは万病のもと

禅 語

「病在不自信処」

やまいはふじしんのところにあり

ここで指す「病」とは、「本来の自己が自覚できていない」こと。生き辛さの原因が自己を信じていないところから来ていることを示しています。自信がない発言を続けるペパーミント パティに、両手を広げるチャーリー・ブラウン。飾らずに自分の心をさらけ出せば、さまざまな人がいる多様性社会で、チャーリー・ブラウンのように受け止めてくれる友がいるはずです。もしも今は、すぐそばにいないように思えても、出会うべきときに人は人に出会うもの。また人ではなく、書物や映画などの中で友と出会ったり、「自灯明　法灯明」（『心をととのえるスヌーピー』P102 に掲載）という禅語が教えるように、ご自分の中に拠り所を見出せることもあるでしょう。多様性の中で、他者と比べて落ち込むことがあるかもしれません。そのようなときにどうか「不自信」から「病」をご自分の中で増殖させませんように。

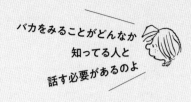

バカをみることがどんなか
知ってる人と
話す必要があるのよ

バカをみることがどんなか
知ってる人と話す必要があるのよ

恥をかくことがどんな
ことか知ってる人…

侮辱され、打ちのめされ、
面目を失った人…
そういう経験のある人…

与えられた身を生かし、相手を思いやる

禅 語

「受身捨身」

じゅしんしゃしん

「受身」とは、この世に生まれ、自己の身があるのは、無数の因縁が結ばれた結果で、身を受けたという意味。そして、その自己の身を布施することが「捨身」です。道元禅師の『正法眼蔵』には「受身捨身ともにこれ布施なり、治生産業もとより布施にあらざる事なし」とあります。治生産業とは、暮らしを立てるための営みのこと。汗水流して生活のために働くことも布施ですし、社会事業に参画することも布施。さらにそのような善をなすよう人々を導くことも布施です。

チャーリー・ブラウンとスヌーピーのこのあたたかいやりとりで言えば、クッキーを与えるのも、相手を幸せにしたいと願う心も布施です。日本だけでなく、世界中で争いがあり、自然災害にも多く見舞われている現代。あなたが布施を意識するだけで、きっと社会は変わっていくでしょう。

1989.11.06

幸せには
あとクッキーひとつ

HERE, HAVE ANOTHER COOKIE...

ほら、クッキー
もうひとつやるよ…

WE HAD A GOOD TIME TODAY, DIDN'T WE? HAVE I MADE YOU HAPPY?

今日はいい日だったね？
ぼく、きみを幸せにしてるかな？

I'D SAY I'M ABOUT ONE COOKIE AWAY FROM BEING HAPPY..

幸せにはあとクッキー
ひとつってところかな…

真の人間関係を築くのは、損得関係のない間柄

「三人同行　必有一智」

さんにんどうぎょうすれば　かならずいっちあり

多様性社会の縮図のような『ピーナッツ』には、個性豊かなキャラクターがいろいろ登場します。ライナス、ルーシー、チャーリー・ブラウンの３人が集まるだけでも三者三様です。

「三人同行　必有一智」とは、三人一緒に行脚すれば、その中に必ず一人は智慧のある人がいるという教えです。「人付き合いは疲れる」と孤立する道を選ぶのではなく、また逆に「ひとりが不安だから」とＳＮＳを使って、ただ多くの人とつながろうとするのではなく、損得関係のない人間関係を作ることが人生を豊かにしていきます。時に厳しい言葉を発してくれる人。困っているときに親身に寄り添ってくれる人。そしてあなたがそうしたい相手。それが本当の友でしょう。一緒に喜び、悲しみ、考えてくれる利害関係のない間柄こそありがたいもの。そういう関係の友が集まればその中に必ず師となる人がいるものです。

1980.02.22

2-22

腹黒さだって
必要かもよ?

> ONE THING I HAVE
> TO ADMIT ABOUT
> CHARLIE BROWN..

チャーリー・ブラウンについて
ひとつ認めざるをえないことは…

> HE IS ABSOLUTELY
> WITHOUT GUILE

彼にはまったく腹黒いところが
ないってことさ

> I KNEW HE WAS
> MISSING SOMETHING!

彼には何かが欠けてるって
わかってたわ!

過去の相手、過去の自分ではなく、今の社会で新しく出会う

禅 語

「百尺竿頭進一歩」

ひゃくしゃくかんとうにいっぽをすすむ

さまざまな同窓会に顔を出すおじいちゃんのことを、過去に立ち返るという「新しい将来が開けたんだ」と語るフランクリン。

「百尺竿頭進一歩」とは、百尺の竿の先にたとえたどり着いても、なお一歩を進もうとする努力や工夫を怠ってはならないという教えです。修行を積んで徳を重ねても、そこにとどまり執着してしまえば、もはやそこは悟りの境地ではありません。歳を重ねれば、若いときのような新鮮な出会いは少ないかもしれません。しかし、フランクリンのおじいちゃんのように、工夫次第で、「出会い直し」という「新しいことを始める」ことはできます。過去に出会った人を過去の情報だけで「こういう人だ」と決めつけてしまうのではなく、過去の自分としてではなく、「今の自分は多様性社会を生きているのだ」ということを踏まえて、出会い直してみるのも人生を歩むひとつの方法です。

1988.05.25

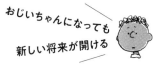

おじいちゃんになっても
新しい将来が開ける

MY GRAMPA WENT TO HIS HIGH SCHOOL'S FORTIETH REUNION LAST NIGHT..

うちのおじいちゃんは
ゆうべ、高校の40回めの
同窓会に行ったんだ…

HE'S ALSO BEEN TO A COLLEGE REUNION AND AN ARMY REUNION...

5-25

カレッジの同窓会にも
陸軍の懇親会にも行った…

HE HAS A NEW CAREER.. HE GOES BACK TO THINGS

新しい将来が開けたんだ…
過去に立ち返るっていう

同じ時、同じ環境でも、人はそれぞれ異なっていていい

禅 語

「鶏寒上樹 鴨寒下水」

とりさむくしてきにのぼり　かもさむくしてみずにくだる

ある時代のある特定の社会で、たとえば障がいを抱えていたり、性的マイノリティだったりする人たちが、少数派だったとして、それはその時代の、その社会での単なる少数派です。多様な人々がいるからこそ、それぞれが別のものを見て、それぞれが異なった言動をとり、社会は豊かな多様性を持つのです。

この禅語は、鶏は寒くなると樹に上がって、じっと身を縮め、鴨は寒くなると水に入って、元気に泳ぐという意味。同じ鳥の仲間でも、同じ寒中という環境であっても、それぞれに違う行動をとるという様子を表現しています。なぜウッドストックが自分を無用だと思ったのかはわかりませんが、「ほんとだよ、きみはとても有用なんだ…」とスヌーピーのように、誰もが誰もに対して、やわらかく声をかけられたら、この社会はさらに豊かになるのではないでしょうか。

どうして自分が無用の
長物だって思うの？

ほんとのところ、
きみはすごく
必要とされてる…

ほんとのところ、きみは
すごく必要とされてる…

歌う小鳥がいなければ
この世は灰色さ…ほんとだよ、
きみはとても有用なんだ…

いいや、それはべつにきみが
金持ちになれるって意味じゃない

思い違い、勘違い、誤解を超えてわかり合うために

禅　語

「牛飲水成乳 蛇飲水成毒」

うしののむみずはちちとなり　へびののむみずはどくとなる

目の前で繰り広げられているのは「砂場遊び」です。サリーの母親はそれを見て、安全で楽しそうだと安心しているようです。しかし、一方、遊んでいるサリーは退屈で死にそうだとつぶやきます。

「牛飲水成乳 蛇飲水成毒」とは、同じ水であっても、牛が飲めば乳に変わるし、毒蛇が飲めばこれは毒に変わるという意味。つまり同じ水でも受け手次第で異なる結果になる。砂場に罪はないのに、乳が出ることを望んでいた母親と毒を出すことになったサリーとでは、結果はまったく異なります。人間関係でも受け手の受け取り方次第では、結果が異なるもの。「言う」と「伝える」と「伝わる」が違うように、「言った」から「伝わる」のではないということ、また「伝える」が「伝わる」とイコールではないことをより一層、謙虚に自覚したコミュニケーションが求められるのではないでしょうか。

ママが窓からわたしを見てる…

母親って自分の子どもが砂場で
遊んでるのを見ると安心するのね…

#タメイキ#

ママは安心でも、
わたしは死ぬほど退屈！

ママは安心でも、

わたしは死ぬほど退屈！

見た目で判断して大切なものを見失っていませんか

禅 語

「草衣心似月」

そうえのこころはつきににたり

埃まみれのピッグペンは、いつも周囲から汚いことを指摘されます。そんな中にいても、チャーリー・ブラウンはピッグペンのありのままの姿を無条件に受け入れます。ピッグペンもまた、自分の姿を隠そうとしたり、変えようとしたりはしません。ありのままで堂々としていて、彼の心は埃まみれではないのです。

「草衣心似月」の「草衣」とは、草で編んだような質素で粗末な身なりのこと。そして「月」は、禅においては「自己本来の姿」や「真実」をたとえています。人はとかく、豪華で立派な衣を欲しがり、またそれを得たときには失うことを恐れるもの。しかし、草衣をまとう人は、失うものもありませんし、それゆえ執着する心もありません。その心は澄んでいます。自分の埃を誇りに思うピッグペンが描かれたこのコミックから「見た目で人を判断しない」ことの大切さがわかります。

考えてもみなよ…はるか遠い
土地の塵や埃が風に吹かれてきて
ピッグペンにくっついた！

想像力が刺激されるね！　彼が身につけている
土は、ソロモンやネブカドネザルやジンギスカン
の踏んだものかもしれないんだ！

そのとおりじゃないかな？

急にヤンゴトナイ気分になった！

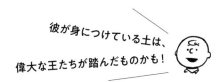

彼が身につけている土は、
偉大な王たちが踏んだものかも！

ネガティブな思考の芽を
自分の声ですぐに摘み取る

禅 語

「非思量」

ひしりょう

「犬は指を鳴らせないだろ!」とリランが見下げても、スヌーピーは張り合わず「どうでもいいだろ?」とすぐに心をリセットします。多様さの中で、分類され、他者と自分を比べて、張り合おうと傲慢になったり、見下されてネガティブな感情を持ったりすることがあるかもしれません。そんなときは、「何も考えない」という教えの「非思量」を実践してみましょう。とはいえ、「考えない」というのは、なかなかできるものではありません。いったん、ネガティブな感情を持つと負のスパイラルに陥りがちなもの。スヌーピーは、「ワン!」のひと声で切り替えますが、私は、「何かカチンとくることを言われたら、『ありがとさん』と心の中で三回唱えましょう」とすすめています。その間に、気持ちは落ち着きます。怒りや不安をすっと流せば、毎日はきっともっと楽しくなります。

1987.05.08

どうでもいいだろ？

パチン！

犬は指を鳴らせないだろ！

ワン！

どうでもいいだろ？

自分の大切なものを
相手に差し出す

禅語

「喜捨」

きしゃ

野球の試合に負け、誰もそれを気にしていないことにイラだつチャーリー・ブラウン。そんな彼に、ライナスは静かに毛布を差し出します。ライナスは、寝るときも遊ぶときも、いつも毛布と一緒。執着することで安心感を得ていることから、心理学では、そのような状態を彼の名前をとって「ライナスの毛布」と呼ぶそうです。そんな安心材料になっている毛布をライナスは、心がかき乱されているチャーリー・ブラウンに差し出すのです。お賽銭を投げることを喜捨と言いますが、本来、喜捨とは、心に抱えている執着心やこだわりを捨てること。大切だと思うものを喜んで捨てる。それは執着を捨てること。ひとつ捨てることは執着からひとつ離れること。人との距離感が難しいと言われる時代の多様性社会で、ライナスのように自分の大切なものを相手に差し出すことができたら、互いの心が自然と丸くなるのではないでしょうか。

開幕試合に負けたのに、誰も気にしてないんだ!

ときどきほんとにうんざりして、悲鳴をあげるか、
木に頭をぶつけるかしたいような気になるよ!

ありがとう…
こういうのが必要だったんだ!

こういうのが
必要だったんだ!

人に対しても、どんなことに対しても、先入観を持たない

[禅 語]

「悟無好悪」

さとればこうおなし

「悟無好悪」とは、人に対しても、あるいはどんなことに対しても、先入観を持つことなく、あるがままの姿を認めることさえできれば、好き嫌いなどはなくなるという意味です。色眼鏡をかけたままで人を見てはいけません。色眼鏡をかけた瞬間から、人間関係の幅は一挙に狭くなります。相手の一面のみで人間性を決めつけてしまえば、その人の本質を見誤ってしまいます。

ピッグペンは、汚れている自分、そのありのままに満足しています。いつもそんな様子なので、チャーリー・ブラウンならずとも、ピッグペンは汚れているの「だけ」が好きなのかと思ってしまいますが、実はお風呂に入るのも好き。私たちは、この地球上で、たまたま同じ時を生きています。その中でせっかく出会うのですから、色眼鏡をかけていたらもったいない。先入観はすぐに捨ててしまいましょう。

おい、『ピッグペン』！
お母さんが帰ってお風呂に入れって！

わかった！
すぐ行く…

？？？　きみは
お風呂ぎらいかと思ってた…

違うよ…お風呂**好き**だよ…

問題は汚れるほうが
もっと好きだってこと！

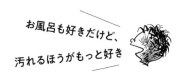

お風呂も好きだけど、
汚れるほうがもっと好き

誰かの喜びのための さりげない優しさ

禅 語

「杓底一残水 汲流千億人」

しゃくていのいちざんすい ながれをくむせんおくのひと

曹洞宗の大本山 永平寺の正門の石柱には、この禅語が刻まれています。道元禅師は、毎朝、門前を流れる谷川から柄杓で水を汲み、その半分を戻していたそうです。川の水は豊富で枯れる心配はありません。しかし、どんなに潤沢でも必要な分だけいただいて、それ以上は返す。これは、単に水だけのことを指しているのではありません。道元禅師は「今、自分がここに生きていて何か得たのならば、どんな小さなことでも、それを人のために伝えていきなさい」と言われました。一杓の水でも元の川に流れることで多くの人々が恩恵を受けます。私たちは自分ひとりで生きているのではなく、多くの人に支えられて生きています。そのことに意識を向け「誰かのために何かをする」ことを習慣にする。誰も見ていないところで柄杓の水を戻すように、徳を積めるようになったらすてきです。

彼を幸せにしてやるのは簡単さ…

ぼくの塗り絵の青空を
ぜんぶ塗らせてやってるのさ

きみが幸せになるなら、
青空塗らせてあげるよ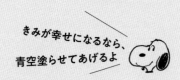

自分勝手な解釈で
良し悪しを決めつけない

禅 語

「 無可無不可 」

かもなくふかもなし

多様性と聞くと、社会的少数者や特別な人を受け入れる意味でとらえる方もいらっしゃいますが、本来の多様性とは、一人ひとりの違いに目を向けること。「生きるのにどうしても必要なものだけを持っていくんだ」と言うスヌーピーの声に、ウッドストックはゴルフバッグを持ってきます。必要なものは、人によって違う。自分と他人は違うのだという前提に立てば、このようなとき、相手が何を持ってきても驚くことはありません。「そうか、あなたにはゴルフというスポーツが人生にとってとても有用なのですね」と認める。無理に同意することもなければ、否定することもありません。スヌーピーとウッドストックなのでコミカルに描かれていますが、現実でも、他者の選択を即座に否定してしまわずに、まず認めるところから始めれば、スヌーピーたちのようなあたたかい関係が築けるのではないでしょうか。

生きるのにどうしても
必要なものも人それぞれ…

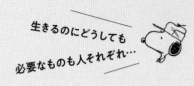

WE START OUR HIKE IN EXACTLY ONE HOUR

きっかり1時間後に出発だ

I SUGGEST YOU GET YOUR GEAR TOGETHER RIGHT NOW..

いますぐ装備を整えるほうがいい…

AND REMEMBER, ALL WE'RE TAKING WITH US ARE THE NECESSITIES OF LIFE!

生きるのにどうしても必要な
ものだけを持っていくんだ、
わかったな！

11-17

ぶれない心と柔軟な心の両方を持って自分らしく生きる

禅 語

「青山元不動 白雲自去来」

せいざんもとよりふどうにして　はくうんおのずからきょらいす

チャーリー・ブラウンは、「ぼく退屈なやつだと思われるのがすごくこわいんだ…」とルーシーに心の内を素直に話します。多くの人がいて、それぞれがさまざまな属性や価値観を持っている中に身を置くと、チャーリー・ブラウンのように他人の目が気になってしまうことがあるかもしれません。よく思われたいと見栄を張ったり、変に思われたくないと周りに合わせたり……。そんなときに思い出していただきたいのがこの禅語です。白雲は、何のこだわりもなく自由自在に風とともに流れていきます。一方、山は何があってもみどり青々と美しく、風や雲に動ずることはありません。今、私たちは多様性社会に生きているのです。山のようにブレずにどっしり構える心と、風に流れていく雲のように柔軟な心を持って、自分らしく、他人の目を気にせず、人と接してみましょう。

1987.06.24

退屈なやつだと
思われるのが怖いんだ

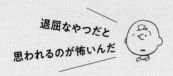

ぼく退屈なやつだと思われるのが
すごく怖いんだ…

退屈するのもすごく怖い…

いままで一番何に退屈した？

たったいまはぬきにして？

135

離れている相手とも心を通じ合わせることはできる

禅 語

「南山打鼓 北山舞」

なんざんにくをうてば ほくざんにまう

ひとりでいるときよりも、他者といるときに感じる孤独は、あなたにより寂しさを感じさせるかもしれません。多様性の中で、自分だけが孤独だと感じてしまうこともあるでしょう。

「南山打鼓 北山舞」とは、遠く離れた南山で鼓を打つと、即座にそれに呼応して、かなた北山で踊り舞うという意味です。お互いに深い縁を築いた師弟などが心を通じ合わせ、相手の振る舞いを知り、即座にその心を察して、的確に応じることの大切さを説いています。価値観が変わりゆく社会の中で、距離を持って接することが正しいとされ、これまでとは異なるコミュニケーションを取ることも多々あります。しかし離れていても、今は会えなくとも、直接言葉を交わすことが叶わなくとも、あなたにもきっと、過去のやりとりや絆などで、通じ合っている人がいるはずです。どうか孤独に蝕まれませんように。

あんたここで何してんの？

もっと外交的になれるかと
思って、ダンスの
レッスンを受けるのさ

もっと外交的になれば、
孤独じゃなくなるかも…

わたしにダンス申しこんでごらん、
あんたを地球の外まで
吹っ飛ばしてやるから！

ほんとのところ、孤独も
そんなに悪くないよな…

孤独もそんなに
悪くないよな…

誰もが自然と、そして人と、 ともに生きている

禅 語

「共生」

ともいき

人間は、自然とともにある。自然と一体となって、ともに生かされていることを感じながら、感謝しながら生きていくことが「ともいき」です。私たちは、互いの存在がそれぞれを支え合っているということを忘れてはいけません。

現在は自分にとって都合がいい、あるいは自分の利益になる、そういう発想のもと、いろいろなことが経済性に置き換えられて問題が起きています。 ものがひとつ手に入ると次のものが欲しくなり、いくらものが豊かになっても、とめどもない執着の世界に入ってしまう。そして他者と自分を比べて、一喜一憂する。

それぞれが自分の能力を十分に発揮できるようなチャンスを与えられ、その中で誰もが自分にふさわしい幸せを感じる。それが「ともいき」の考え方に立った、幸せを分かち合うということです。

THANK YOU FOR THE DANCE!

ダンスのお相手ありがとう！

落ち葉とのダンスは
いいもんだね

明るい表情は、
社会を明るくしていく力を持つ

禅 語

「喜色動乾坤」

きしょくけんこんをうごかす

「乾坤」とは、天と地のこと。つまり、喜びには天地を動かすほどの力があるという意味です。悲しいとき、悩みごとがあるとき、人は、なかなか笑顔にはなれないものです。また、時に腹の虫の居所が悪いときもあるでしょう。しかし、暗い表情の人のところには、人は集まってきません。ルーシーのように怒った表情の人とは、スヌーピーでなくとも、距離を置きたいと思ってしまうものです。

毎日を楽しく前向きに生きていると、自然と表情が明るくなります。生きる喜びに満ちた笑顔は人をひきつけ、そこに和が生まれ、みんなの表情まで明るくなります。仏頂面でいる誰かと笑顔の誰か。機嫌の悪い自分と機嫌のいい自分。社会を明るくする力を持っているのは、どちらなのかの答えがここにあるように思います。どうか、まずはあなたから、あなたの笑顔で、その場の空気を明るくしてみてください。

生きているのがうれしくて、
なんとも言えないときがある！

最初に出会った人と腕を組んで、
道で楽しく踊りたい感じ！

2番目に出会った人と腕を組んで、
道で楽しく踊りたい感じ！

楽しく踊れる人と
分かち合いたいのさ

141

よいと知っていることを
きちんと行動に移す

「諸悪莫作 衆善奉行」

しょあくまくさ　しゅぜんぶぎょう

目の前で誰かが涙していたら、あなたはどうしますか。この禅語は、白居易が道林禅師のもとを訪ねた際に交わした問答をもとに生まれました。「仏教はどのような教えか」を白居易が問うと「どんなことであれ悪いことはしてはならない。できる限りよいことをしなさい」と道林禅師は答えられた。そこで、白居易が「そんなことだったら、三歳の小さな子どもでも知っています」と詰めると、道林禅師は「三歳の子どもでも知っていることであろうが、八十の老人でさえも行うことは難しい」と言い放ちました。

誰も見ていないところで、泣いている人を見て、あなたはスヌーピーのように心を動かし、さらに喜ばせようと行動できるでしょうか。多様性社会を構成する私たち一人ひとりが、何歳であっても、このスヌーピーのようになれたら、あたたかな心が広がっていくように思います。

隣の車の子が泣きやまない…

喜ばせてくれるものが必要なんだ…

これでいい

当然のことを
したまでさ

多様性社会では「ありがとう」のコミュニケーションを

禅 語

「卑下慢」

ひげまん

他人と比較してうぬぼれる「増 上 慢」（『心をととのえるスヌーピー』P164 に掲載）も、慢心のひとつですが、「卑下慢」も慢心です。

褒められ慣れていなければ、つい自分を下げてしまうこともあるかもしれませんが、それは、謙虚に見せて実はうぬぼれている姿。「私なんか褒められる値打ちがない」と自分を貶めて「こんなに謙虚になれている自分は偉い」とうぬぼれることと同じです。「ありがとう」は、もともと『法句 経』にある「有り難し」からきています。どの命も当たり前ではなく、自分であること、それを成り立たせてきたすべてのご縁、その有り難いことがあることに感謝しましょうという教えです。自分を大切にすることも多様性社会のコミュニケーションでは大切なこと。褒められたら「ありがとう」です。

THOSE ARE NICE SHOES, RERUN..

THEY FEEL GOOD..

5-8

MY OTHER SHOES WERE ALWAYS A LITTLE TIGHT.. I LIKE THE COLOR, AND THE SOLES FEEL BOUNCY, AND THE LACES ARE EASY TO TIE..

いい靴ね、リラン…

はき心地がいいんだ…

前の靴はちょっときつかったんだよ…
これは色も気に入ってるし、
靴底もやわらかで、ひもも結びやすい…

WHEN YOU GET A COMPLIMENT, ALL YOU HAVE TO SAY IS, "THANK YOU"

I'M SORRY...I'VE NEVER HAD A COMPLIMENT BEFORE

ほめられたら、「ありがとう」
だけ言えばいいのよ

ごめんよ…これまでほめられたこと
なかったんだ

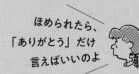

ほめられたら、
「ありがとう」だけ
言えばいいのよ

Part 3

COLORS OF PEANUTS

この世界に自分と同じ人はひとりもいない。
グラデーションに満ち溢れたカラフルな世界を
楽しく過ごしていくためのシュルツ・スタジオからの
メッセージが詰まったアートブック。

翻訳：宮内愛

COLORS of Peanuts

Inspired by the comic strip Peanuts by Charles M. Schulz
Written by Jason Cooper, art by Justin Thompson, colors by Katie Longua

The Colors of Peanuts cover a vast spectrum.

They are the character's feelings.

PEANUTS は、虹のように色とりどり。
PEANUTS のいろんな色は、
なかまたちのいろんな気持ち。

And they are
just like the colors,
and feelings,
we all have.

PEANUTS の色や気持ちは、
ぼくらの色や気持ちによく似ている。
誰にだってある、自分の色や、自分の気持ち。

We are made of
many colors.
And carry more
inside than
we could ever imagine.

人はみんな、たくさんの色でできている。
心の中にはさらにたくさん、
想像もつかないほど多くの色。

We all experience colors differently. There is no color that is exactly like another.

同じ色を見たとしても、感じ方は人それぞれ。
まったく同じ色なんて、どこにもない。

Trying to understand these colors may help us learn more about ourselves...

色を理解しようとすることは、
自分をもっと知ることに
つながるのかもしれない……

And about
other folks, too.

ほかの誰かを知ることにも、ね。

Every color we feel is beautiful and dynamic. A shade unique just to us.

ぼくらが心で感じる色は、どれも美しくて、力強い。
人とは違う、自分だけの色。

Some colors may be warm and vivid. Others, wild and silly.

あったかくて、いきいきしている色もある。
ハメを外して、おどけてみせる色もある。

We might feel sharp or bright or compelled to exaggerate!

はっきり！
明るく！
大げさに表現しなきゃ！

Our colors
may be muted,
or soft, or still...

控えめに……
柔らかく……
ひっそり……

Our colors could be cool and calm.

カッコいい、落ち着いた色もある。

They might even be a bit wishy-washy...

ちょっと優柔不断な色だって、
あるかもね……

Perhaps you'll have a dark and stormy colored day...

もしかしたら、
暗い嵐みたいな色の日も
あるかもしれないし……

173

自分の気持ちがまったく分からなくなる時も
あるかもしれない。
いろんな色がぐるぐる回って、なにがなにやら……

Or you may have no idea
how to feel at all.
Your colors will seem
spiraled and confused…

That's fine.
It happens to everyone.
Those colors will
fade and evolve.

でも大丈夫。
誰にだって、あることだから。
そういう色は、いずれ消えて、別の色に変わっていく。

You'll begin exploring the new colors around you.

まわりに現れた新しい色に、
きみは目を向ける。

179

What's important to remember is that every new day brings a new color palette.

覚えておいて。
新しい一日が始まれば、
カラーパレットも新しくなるってこと。

**And to approach
every new color with
kindness, and curiosity,
and patience...**

初めての色には、
常に思いやりをもって、好奇心を忘れず、
気長に向き合うこと……

Who we are shines through in fascinating tones.

自分らしさってやつは、
隠そうとしたって隠せない。
光り輝く、とても素敵な色。

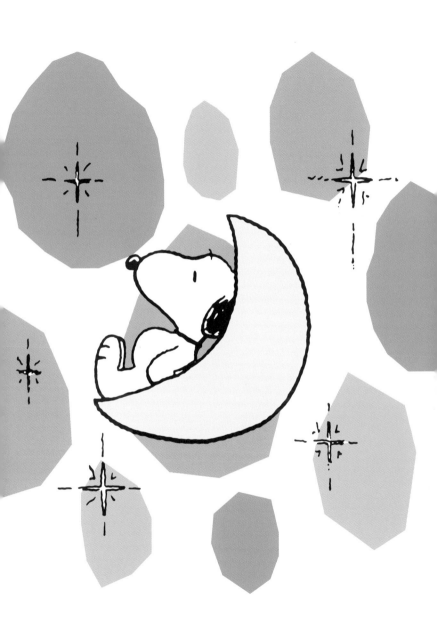

心のおもむくまま、
どこまでも続く虹を描こう。
あざやかな色で、
いつまでも消えないように……

And our imaginations create endless rainbows of rich, infinite color...

Color the world boldly with all you have inside yourself…

臆することなく、世界を彩ろう。
心の中に秘めた色、ぜんぶ使って。

But never forget to
share your paints
and crayons.

絶対、忘れちゃダメだよ。
絵の具もクレヨンも、みんなで一緒に使うこと。

The Colors of Peanuts are always on display.

PEANUTS のなかまたちは、
いつも自分の色で輝いている。

チャールズ・M・シュルツ

1922 年、ミネソタ州ミネアポリス生まれ。通信教育で絵を学び、漫画家を志す。第二次世界大戦に従軍後、24 歳で新聞連載作家としてデビュー。以来、50 年にわたり『ピーナッツ』を描き続けた。

谷川俊太郎

1931 年、東京生まれ。詩人。21 歳の時に『二十億光年の孤独』を出版。1960 年代後半から『ピーナッツ』の翻訳を手がけ『完全版　ピーナッツ全集』（河出書房新社）で完訳を果たす。

枡野俊明

1953 年、神奈川県生まれ。曹洞宗 徳雄山 建功寺第 18 世住職。庭園デザイナー。2006 年『ニューズウィーク』日本版にて、「世界が尊敬する日本人 100 人」に選ばれる。著書多数。

ブックデザイン／石川ひろみ　文／ TOKYO ドーナツ　COLORS OF PEANUTS 翻訳／宮内 愛

自分を受け入れるスヌーピー

いろいろある世界を肯定する禅の言葉

2023 年 3 月 30 日　初版第 1 刷発行
2024 年 11 月 5 日　　　第 5 刷発行

著　者　チャールズ・M・シュルツ
訳　者　谷川俊太郎、宮内 愛（COLORS OF PEANUTS）
監修者　枡野俊明
発行者　三宅貴久
発行所　株式会社 光文社
　　　　〒 112-8011　東京都文京区音羽 1-16-6
電　話　編集部 03-5395-8172　書籍販売部 03-5395-8116　制作部 03-5395-8125
メール　non@kobunsha.com
落丁本・乱丁本は制作部へご連絡くだされば、お取り替えいたします。
組　版　萩原印刷
印刷所　萩原印刷
製本所　ナショナル製本